JN081902

arikoの食卓

〜小腹がすいたら〜

はじめに

　前回の書籍を出してから4年が経った。このあいだに家族を取り巻く環境や行動パターンもずいぶん変わってきた。全員揃って晩ごはんを食べる日もあれば、時間差で帰ってきてそれぞれで夕食を取る日もあるし、久しぶりに3人揃ってのんびりおやつという休日もある。私自身もアラフィフ真っ最中、以前よりもなんだか食べる量が少なくなってきている。自他ともに認める食いしん坊としたことがどうしたことか。それでもやっぱりお腹はすく。ちょこっと簡単に作ってさっと食べられるおやつのような軽食のような、そんな料理が食卓に上ることが多くなったような気がする。もちろん材料の量を多くして人数分に増やすこともできるものがほとんどだが。そんなすき間メニューがあったらどうかなと、ふと思いつき、小腹がすいたときのおやつ本を作ろうと思った。おやつというと甘いものというイメージがあるが、ここでは食事にもなるラインナップで。ひとりのときの昼ごはんに、帰宅時間が遅くなった日の夜食に、もちろん、家族揃って食卓を囲む日にも重宝するメニュー。簡単なものばかりで、改めてレシピというのもおこがましいが、季節を追いながら、ご紹介してみたいと思う。

ariko

Contents

Chapter 3 AUTUMN

Chapter 4 WINTER

Chapter

1

SPRING

寒い冬が終わり、モノトーンからパステルの季節がやってくる。おやつも温かいものから、ピクニックにでも行こうかと思えるようなものを作りたくなる。窓からの景色を眺めながら、もしくは屋上のテラスでと、のんびりとした時間を過ごせるのもこの季節ならでは。そういえばお彼岸ももうすぐ。久しぶりに小豆を煮ておはぎを作ろうか。

香ばしいパンととろけるチーズがたまらない
グリルドツナメルトサンド

のんびり時間のある朝食に、もしくはランチを食べそびれてしまったときなどによく作るのが溶けるチーズをはさんでフライパンでこんがりと焼いたチーズメルトサンド。8枚切り程度の食パンの片側に、ツナマヨを塗る。ツナマヨはツナ缶とみじん切りにしてひと塩してからさっと水に放して水気を絞った玉ねぎとマヨネーズを和える。パンに塗り、溶けるチーズをたっぷりはさむ。バターを溶かしたフライパンで上から平らなもので押さえながら極々弱火で片面ずつこんがりと香ばしい焼き色がつくまで焼く。火が強すぎるとすぐに焦げてしまうので火加減には注意して。カリッと香ばしいパンと溶けたチーズのコントラストを楽しみたい。合いの手はきゅんと酸っぱいコルニッション。

和えるだけの簡単さで何度も作りたくなる
タコのレモンパスタ

季節ごとに通っているのが小堀紀代美先生の主宰されて
いる料理教室。そこで習ったのがびっくりするほど簡単
にできるタコとレモンのパスタ。なにせパスタを茹でて
和えるだけ。火を使わないのになんとも複雑な味わいで
クセになる。あまりの簡単さと美味しさで何度リピート
したことか。作り方は2人分で、タコ100gをスライス
してボウルに入れ、レモン汁大さじ2、オリーブオイル
大さじ1と½、ナンプラー小さじ2を和えておいたとこ
ろに、茹で上げたスパゲッティを加えて水気がなくなる
まで和える。仕上げに刻んだディルとすりおろしたレモ
ンの皮を。レモン汁の爽やかな酸味とナンプラーの旨み
のあるしょっぱさが味の決め手。オリーブオイルは上質
なものを使いたい。

どこを食べても美味しい具だくさんが好き
おむすびと具だくさんみそ汁

息子が小さな頃からおやつ代わりによくおむすびを作っ
たものだ。具はなんでもよいのだが美味しいおむすびは
炊きたてのごはんを使うのが唯一のポイント。シンプル
な塩むすびももちろん大好きだが、具がまんべんなく混
ざったおむすびはおかず要らずで食べごたえも満点だ。
そこに具だくさんのおみそ汁を添えれば立派な一食にな
る。今回の具は、「太宰府十二堂えとや」の「梅の実ひ
じき」を混ぜたものと、刻んでひと塩してから水気を絞
ったカブの葉に焼いてざっくりほぐした明太子を混ぜた
もの。おみそ汁の具はキャベツや白菜、ほうれん草など
の葉ものに薄切りにした玉ねぎか長ねぎの組み合わせが
好きだ。そこにあれば油揚げを細切りにしたものや最後
に揚げ玉を散らすとぐんとコクが出る。

台湾の朝ごはんの定番は優しい味わい
シエントウジャン

なかよしのママ友と出かけた台湾旅行をきっかけにすっかりハマってしまったのが台湾の朝ごはんに欠かせない塩味の豆乳スープ、シエントウジャンだ。今では東京でも食べられるお店が大人気だが、家でも簡単に作ることができる。小丼に刻んだ味付けザーサイと干しえび、長ねぎと黒酢大さじ1弱、塩少々を入れておいたところに沸騰直前まで熱した豆乳150mℓを一気に注ぎ入れると酢の力でもろもろとおぼろ豆腐状になる。仕上げに刻んだ青ねぎ、パクチー、ラー油か胡麻油を。台湾では油条という揚げパンを添えるのだが日本ではなかなか手に入らないので、カリッと香ばしい仙台麩をスライスして代用。出来たての熱々をレンゲですくって口に運ぶと滋味あふれる味わいで身体が芯からじんわり温まる。

MEMO

シエントウジャンに合わせてタンピン風を。溶き卵を小さなフライパンに流して、半熟のうちに生タイプのトルティーヤをのせて折る。

もっちりうどんをまろやかな味わいに
釜玉明太バターうどん

香川に住む友人のところに遊びに行ったことがある。さ
すがうどん県と言われるだけあって、どこで食べてもう
どんが美味しい！　なかでも「うどんバカ一代」という
朝から行列が絶えない人気店の「釜バターうどん」がも
う忘れられなくて……。お土産で買ってきた讃岐うどん
で再現してみたのがこれ。茹で上げたうどんを丼に投入
したら、卵をぽんと割り入れ、バターひとかけらと明太
子に刻んだ万能ねぎをたっぷり。だし醤油をかけたらよ
く混ぜて、あとは一気呵成にかき込むだけ。レシピとい
うほどではない簡単さだけれど、うどんはコシがしっか
りした生タイプを、そして必ず茹でたての熱々を使うこ
とがポイント。うどんの美味しさを存分に堪能できる。
それ以来、時々彼の地から取り寄せして楽しんでいる。

MEMO

うどん県高松でも朝か
ら行列の絶えない手打
ちうどん店。その美味
しさをお取り寄せでき
るのがうれしい。

手打十段うどんバカ一代
の『おみやげうどん』6人
前 1,500円（税込）／手打
十段うどんバカ一代

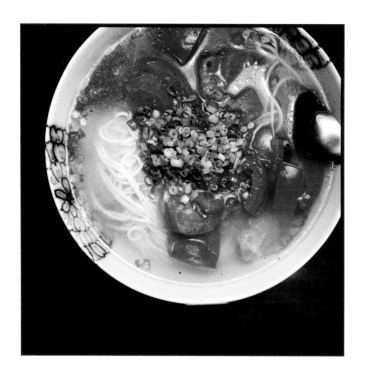

さっぱり滋味あふれる味わい
トマトタンメン

横浜の中華街から少し離れた本牧に「李園」という中華
料理店がある。横浜ロケの際の昼ごはんにスタッフみん
なが楽しみにしているのが名物のトマトタンメン。トマ
トの酸味と旨みの効いたシンプルな塩味のスープ麺は何
度食べても飽きない美味しさ。「サッポロ一番 塩らーめ
ん」にトマトとキャベツを入れて卵でとじたものをよく
作るのだが、「李園」バージョンも作ってみたくてトラ
イしてみた。市販の生ラーメンの塩味を使う。付属のス
ープを鍋で温めたところにざく切りにしたトマトを加え
て、茹で上げた麺のうえにざっとかけて刻んだ万能ねぎ
を加えて完成。塩生ラーメンは細めの麺を選ぶのがトマ
トに合うような気がする。さっぱりとしていて食欲のな
いときにもするりとお腹に収まるのがうれしい。

お彼岸には作りたくなる手作りの味
おはぎ

春のお彼岸の頃になると実家の母がよくおはぎを作ってくれた。手作りのおはぎは市販のものに比べて甘さ控えめでいくつでも食べられる素朴な味わい。黒すり胡麻やきな粉をまぶしても目先が変わってまた美味しい。出来たてのおはぎを持ってお墓参りに出かけようか。

RECIPE

材料（15個分）
小豆 … 300g
砂糖 … 300g
塩 … 小さじ1
A | もち米 … 2合
　 | うるち米 … 1合
水 … 3合炊き量
黒すり胡麻 … 適量

作り方
1 小豆は洗って鍋に入れ、たっぷりの水を入れて火にかけ、沸騰したら中火強で20分ほど煮る。小豆をザルにあげて茹でこぼしたら再び鍋に入れ、かぶる程度の水を加え、小豆が煮汁から出ないよう水を足しながら、やわらかくなるまで弱火で煮る。水気があれば鍋を傾けて流し、砂糖と塩を加える。ヘラで混ぜながら中火にかけ、ぽってりしてきたらつぶしてあんこにする。

2 Aは合わせてとぎ、3合炊き量の水を加えて吸水させ、炊飯器で普通に炊く。

3 炊けたら、すりこぎで半つきにする。

4 手を塩水でぬらし、ごはんを丸め、ぬらしてから固く絞ったキッチンペーパーにのばしたあんこで包んで形を整える。出来上がったおはぎの半分は黒すり胡麻をまぶす。

簡単なのに病みつきになる味
目玉焼き丼

買い物に行けなくても、冷蔵庫をのぞくとたいてい卵と
シャウエッセンは入っている。このふたつがあればなん
とかなる。ごはんさえ炊けば丼ができて立派な一食にな
る。小さなフライパンにシャウエッセンを入れ、少量の
水を加えて火にかけ、水気がなくなり、表面に香ばしい
焼き色がつくまで時々転がしながら焼く。もうひとつの
フライパンにサラダ油をうすく引いて熱したところに卵
を割り入れる。中火のままふたをしないで半熟になるま
で焼く。黄身がとろっととろけるのが美味しいので、白
身が固まるくらいでちょうどいい。茶碗に熱々のごはん
を盛り、目玉焼きをのせてシャウエッセンを添え、醤油
をかけ黒胡椒を挽く。あれば小口切りにした万能ねぎと
食べるラー油を。黄身を崩して食べば口福。

ベトナムのサンドイッチをアレンジ

コッペパンバインミー

サクッと軽いフランスパンを使ったベトナム風サンドイッチ、バインミー。日本では軽くてやわらかなフランスパンが手に入らないので、「Pasco」の「超熟ロール」を使って作ってみた。やわらかで少し甘めのパンがよく合ってこれもなかなか。まず、なますを作る。大根5〜6㎝、にんじん⅓本は皮をむいて太めの千切りにして軽く塩をして水気を絞ってから、酢、湯、砂糖各大さじ2、塩小さじ1に15分以上漬ける。小ぶりのパンは表面が少しカリッとするまでトースターで焼いて、横に切り込みを入れる。切り込みの両面にやわらかくしたバターを薄く塗ったら、下面にだけレバーペーストを塗り、薄切りにしたきゅうりと紫玉ねぎ、汁気を切ったなます、好みでパクチーをはさむ。水で薄めたナンプラーを添える。

マッシュしてフレッシュさを楽しみたい

マッシュアボカドトースト

ハワイのカカアコにある「ARVO」というカフェで食べ
てすっかり気に入ってしまったのが、マッシュしたアボ
カドをたっぷりとのせたタルティーヌなるオープンサン
ド。簡単にできてとても美味しいので食べ頃のアボカド
が手に入ると必ず作る。皮と種を取ってからフォークな
どで粗くつぶしたアボカド½個にレモン汁大さじ1、塩
小さじ¼、オリーブオイル大さじ½を加えて混ぜたも
のをカリッとトーストした食パンにこんもりのせ半分に
切ったミニトマトを散らす。追いオリーブオイルをたら
して仕上げに黒胡椒をがりりと。毎年10月末から12月に
だけ食べられるニュージーランド産のアボカドを使えば
よりフレッシュな味わいが楽しめる。

MEMO

毎年10月末から12月に
かけて期間限定で楽し
めるのがNZ産のアボ
カド。淡いグリーンが
美しくクリーミーでフ
ルーティ。見かけたら
即買いがおすすめ。

真の実 食べごろ アボカ
ド12or15個入 3,182円
＋税／ファーマインド
※量販店等では個売りで
も販売中。

サワークリームでこっくりまろやかに

キッシュロレーヌ

子どもの頃に母がよく焼いてくれたのがキッシュロレー
ヌ。レシピにサワークリームを加えるのが母なりの工夫
だったようだ。まろやかでコクがあるこの味が我が家の
味。私もそれを引き継いでいる。冷凍のパイシートを伸
ばして直径18cmのパイ皿に敷き詰め、フォークで所々
に穴をあけて重しをのせて180℃に予熱したオーブンで
12分焼く。薄切りにした玉ねぎ1個は焦げないようにバ
ターでじっくり炒め、ざく切りにしたほうれん草半束、
ベーコンを加えてひと炒めして冷ます。から焼きしたパ
イ皮に具を広げ、卵2個、牛乳、生クリーム各100ml、
サワークリーム大さじ2、塩胡椒少々、グリュイエール
チーズ70gをよく混ぜて作ったアパレイユを注ぎ、170
℃に予熱したオーブンで35〜40分焼けば完成。

カステラで手軽に楽しむイタリアスイーツ
カステラティラミス

チョコレートは苦手なくせになぜかティラミスはデザー
トに食べたくなる。本来はフィンガービスケットを使う
土台をカステラで作ってみたら簡単にできて美味しかっ
た。ただ時間が経つとベタッとしてしまうので出来たて
を食べるのがおすすめ。ボウルに卵黄1個とマスカルポ
ーネ80gを入れてふんわりなめらかになるまで混ぜる。
それを、生クリーム150mℓとグラニュー糖20gを7分立
てにしたところに2〜3回に分けて加え、ふんわりなめ
らかになるまで混ぜ、チーズクリームを作る。濃く淹れ
たインスタントコーヒーに砂糖とブランデーを溶かした
ものを染み込ませたカステラにチーズクリームをたっぷ
りのせココアパウダーを振る。いちじくや柿、いちごな
ど季節のフルーツを添えても。

菊花型のモナカで見た目も可愛く
アイスモナカ

和食屋さんのデザートでほうじ茶のアイスモナカを食べ
た。ほろ苦いアイスと香ばしいモナカ皮の相性がよいの
はもちろん、菊の花を模った皮の可愛らしさに魅了され
てしまった。あまりにも可愛いのでお店の方に聞いてみ
ると取り寄せが可能とのこと。その皮を扱っているのは
岡山にある「蒜山耕藝」。みそや餅、じゃがいもなどに
交じってあのもなかの皮もある。さっそく取り寄せて自
家製のアイスモナカを作ってみた。アイスは鮮やかな緑
が美しい抹茶で、小さめに作った白玉と缶詰の粒あんも
一緒に詰めた。再会した菊のもなかは、ほどよいサイズ
感でぱりっと香ばしく軽い食感が美味しい。中身のアイ
スの種類を変えて色々楽しんでいる。

揚げたての熱々をハフハフ食べたい

トスカーナ風フライドポテト

結婚してイタリアに住んでいるスタイリストの友人の元
を訪れたことがある。そのときにごちそうしてくれたの
がハーブやにんにくを一緒に油で揚げたフライドポテト。
その美味しさが忘れられなくて作ってみたのがこれ。じ
ゃがいもは水にさらさず、強力粉をまぶして油が冷たい
うちからじっくりと揚げるのが美味しさのコツ。

RECIPE

材料（2〜3人分）
じゃがいも … 4個
強力粉 … 大さじ3
にんにく（皮のまま）
　　… 4〜5片
ローズマリー … 5本
タイム … 5本
セージ … 5本
サラダ油 … 適量
塩胡椒 … 少々
サワークリーム … 適量
ケチャップ … 適量

作り方

1 じゃがいもはよく洗い、皮のままく
し型に切る。ビニール袋に強力粉を入
れて、切ったじゃがいももそのまま加
えて強力粉を全体にまぶす。

2 深めのフライパンや鍋に、**1**のじゃ
がいもと皮のままのにんにく、ハーブ類
も一緒に入れて、サラダ油を注ぎ、加
熱を始める。始めは強火で油が泡立っ
てきたら中火弱にする。じゃがいもの
表面が固まってきたら時々混ぜながら
表面が香ばしいきつね色になるまで揚
げる。油の温度は160〜170℃が目安。

3 ハーブごとザルにあげ、塩胡椒を振
る。うつわに盛って、好みでサワーク
リームとケチャップを添える。

クレソンのシャキシャキ感がたまらない
ベーコンとクレソンの焼きめし

炒飯というより焼きめしと呼びたくなるシンプルで素朴
な一品は昼ごはんや帰りが遅くなった息子や夫の夜食に
ぴったり。最後に加えて、シャキシャキの食感を残した
クレソンが美味しさのポイント。作り方はとても簡単だ。
フライパンにみじん切りにしたにんにくと少量のオリー
ブオイルを入れて火にかけ、にんにくからいい香りがし
始めたらざく切りにしたベーコン、ひとりにつき2枚分
を加えてひと炒めしてからごはんを投入してほぐしなが
ら炒める。塩胡椒をして鍋肌に醤油をひと回しして、ざ
く切りにしたクレソンをわさっと加えて火を消せば出来
上がり。クレソンは好みだが1束使ってもいいくらい。
にんにくと焦げた醤油の香りも食欲をそそる。あとはカ
ップスープでもあれば大満足。

たまに食べたくなる醤油味パスタ
シャウエッセンの和風パスタ

こちらもシャウエッセンありきの一品。常夜鍋の翌日に
ほうれん草が少し残っているなんていうときに、あとは
冷蔵庫にあるものでササッと作れるのがうれしい。手間
暇かけて作ったごちそうよりも、息子にはこちらのほう
が喜ばれたりするからおもしろい。にんにくは薄切りに、
シャウエッセンは3等分ぐらいに斜め切りに、ほうれん
草はざく切りにする。まず卵を溶いて軽く塩をしてフラ
イパンで半熟のスクランブルエッグを作り、一度出して
おく。そのフライパンににんにくと鷹の爪、オリーブオ
イルを入れて火にかけ、いい香りがしたらシャウエッセ
ンとあればしめじを炒めて時間差でほうれん草も加える。
塩胡椒、コンソメ顆粒各少々で味付けしたら茹で上げたパ
スタとスクランブルエッグを加えて醤油で味を調えて完成。

淡いグリーンのスープで春の訪れを楽しむ

グリーンアスパラガスのポタージュ

今では一年を通して手に入るグリーンアスパラガスだけ
れど、春から夏にかけて出回る、緑鮮やかで香りがよい
フレッシュなものの美味しさは格別だ。そのきれいなグ
リーンと香りをシンプルに楽しみたいポタージュはアス
パラガスを煮すぎないように仕上げに加える。2〜3人
分で太めのグリーンアスパラガス5〜6本は根元を切り
落とし、硬い部分の皮をむいてざく切りにする。玉ねぎ
½個は薄切り、じゃがいも（小）も皮をむいてスライス。
オリーブオイルで玉ねぎを炒め、しんなりしたらじゃが
いもも加えて炒め、水500mℓを注いでコンソメ顆粒少々
も加えてやわらかくなるまでふたをして15分ほど煮る。
アスパラガスを加えて3分煮てから粉砕し、塩胡椒で味
を調える。うつわに注いだら、生クリームをたらして。

やめられない止まらないビール泥棒
枝豆のペペロンチーノ

夏も近づいてくると野菜コーナーに枝豆が並ぶようにな
る。まずはシンプルに塩茹でにするのがいちばんだが、
にんにくと唐辛子でパンチのある味付けに仕上げるとも
うやめられない止まらない。こってりとした味がついた
さやをちゅうちゅうとしゃぶりながらのビールの美味し
いことといったら！ 枝豆250gは両端をハサミで落と
して塩でもんでから5分ほど茹でておく。フライパンに
オリーブオイル大さじ2とにんにくのみじん切り1片分、
輪切りにした鷹の爪を入れて熱し、香りが立ったら枝豆
を入れて炒める。枝豆が温まったら、塩小さじ½、だし
醤油大さじ1弱、黒胡椒を加えてよくからめる。枝豆は
両端を落とすことで中まで味が染みるのでめんどうくさ
がらずにやってみてほしい。

春キャベツがたっぷり食べられる

キャベツとささみの
塩昆布梅サラダ

やわらかな春キャベツはざくざくと手でちぎったものを
そのまま生で食べるのがいちばん美味しい。シンプルに
塩と胡麻油をつけて食べるのもおすすめだが、ひと手間
かければおつまみからおかずに昇格する。まずキャベツ
4〜5枚は手でちぎって水につけてぱりっとさせてから
水気を切っておく。ささみ3本はフライパンで香ばしく
焼いてひと口大に割く。ボウルにキャベツとささみを入
れ、種を取ってたたいた甘めの梅干し1個とだし醤油小
さじ2、太白胡麻油大さじ1、細切りの塩昆布大さじ1〜
2を加えて手でざっくりと和える。焼いたささみで食べ
ごたえがアップするし、梅干しの酸味と塩昆布の旨みで
いくらでも食べられる。

チーズの塩気でそらまめの風味が引き立つ
そらまめのパルミジャーノがけ

イタリアでは生のそらまめに塩気のあるペコリーノチーズをかけたものが春の訪れを告げる風物詩のひとつだと聞いた。ファーヴェという名前のイタリアのやわらかな小粒のそらまめは生で食べるのが常だそうだが、日本のそらまめはちょっと青々しいのでさっと茹でて同じようにペコリーノチーズやもう少し塩気のやわらかなパルミジャーノと一緒に食べるのがよい。皮に軽く切れ目を入れて、さっと茹でたそらまめの薄皮をむいたものにパルミジャーノやペコリーノチーズをたっぷりとおろしかけ、黒胡椒を挽き、オリーブオイルをかける。簡単にできてとてもオツな味わい。ワインにも最高に合うけれど、おやつとして甘いものの代わりに、香りよく淹れた紅茶と意外にも合う。

好みのアイスで自由に楽しむ家パフェ
コーヒーゼリーフロート

のんびりできる休みの日にはおやつにパフェを作って楽
しんでいる。見た目は派手だが作り方は実に簡単。アイ
スクリームやシャーベット、ゼリーに季節のフルーツを
グラスに重ねて入れていくだけでできてしまう。足付き
のグラスなら気分もより上がる。まずは友人からもらっ
た「猿田彦珈琲」のクラッシュタイプのコーヒーゼリー
を使ったコーヒーフロート。牛乳のような紙のパックに
入ったコーヒーゼリーはよく振ることで中のゼリーがク
ラッシュ状になる。それをグラスの高さの半分ほど入れ、
牛乳を静かに注いだところにバニラアイスクリームをト
ッピングすれば贅沢なコーヒーフロートに。ウエハース
やクッキーを添えて真っ赤なチェリーをトッピングすれ
ば見た目もぐんと華やかに仕上がる。

MEMO
．．．．．．．．．．
ぷるんとした口当たり
とほどよい甘さが心地
よい「クラッシュドコ
ーヒーゼリー」。深煎
りのコーヒー豆を使っ
ているので牛乳やアイ
スクリームと相性抜群。
クラッシュドコーヒーゼ
リー 760円＋税／猿田
彦珈琲

·············· OTHERS ··············

チェリーパフェ

つやっと輝く佐藤錦をパフェに。チェリーとミルクのジェラートは麻布十番にある「ジェラテリアマルゲラ」でテイクアウト。それを重ねて市販のホイップクリームで飾れば、あら、華やか。

ピーチパフェ

桃1個贅沢に使ったピーチパフェ。無糖のヨーグルトと刻んだ桃半分をグラスに入れ、バニラアイスとブルーベリーのジャムを加えて、仕上げに残りの桃半分をトッピング。ヨーグルトの酸味と桃がよく合う。

菜の花を加えて色鮮やかに
菜の花入りボンゴレ

春から夏にかけて貝が美味しくなる季節。息子が子ども
の頃には初夏の海に潮干狩りに行ったものだ。獲れたあ
さりは薄い塩水につけてしっかりと砂抜きする。そうし
ないと食べたときにじゃりっと砂を噛むことになってし
まう。シンプルなボンゴレに菜の花を加えれば彩り鮮や
かで菜の花のほろ苦さが美味しい。フライパンにオリー
ブオイル大さじ1を入れ、スライスしたにんにく1片分
と種を取った鷹の爪を入れて火にかけ、いい香りがした
ら砂抜きをしたあさり12個を入れてふたをして、口を開
けるまで蒸し焼きにする。リングイネは塩を入れた湯で
袋の表示時間の通りに茹で、茹で上がる1分前に根本を
切り落とした菜の花を入れて一緒に茹で上げ、あさりの
フライパンに入れて混ぜ合わせる。

アボカドトッピングで爽やかさ増量

アボカド納豆鉄火丼

さっと作れる小丼の存在は腹ペコのときの強い味方。な
かでも刺身を使った丼は火を使わず、切るだけの簡単さ
がうれしい。まぐろの赤身と相性のいいアボカド、納豆
の組み合わせは喉ごしもよく、疲れて食欲のないときに
もするりとお腹に収まる。まぐろの赤身の刺身は醤油と
だし醤油半々に合わせておろしわさびを混ぜたタレにか
らませておく。納豆は付属のタレと刻んだ万能ねぎを混
ぜる。アボカドは皮と種を取ってスライスする。丼にご
はんを盛り、まぐろと納豆とアボカドをのせ、あればか
いわれを添える。まぐろのタレに胡麻油を少々加えると
ハワイのポケのようになり、胡麻油の風味とコクが増し
て美味しい。納豆は好みだが小粒サイズやひきわりが具
材によくからんで美味しい。

ほどよい塩気と食べラーでごはんがすすむ

しらす丼

湘南にロケに出かけたときに立ち寄って購入するのを楽しみにしているのが、秋谷にある「紋四郎丸」の釜揚げしらす。獲れたてのしらすをすぐに加工しているため、ふっくらやわらかで塩加減もほどよく、サラダにアヒージョにと様々な料理に使えるのが魅力。しらすってこんなに美味しかったんだと再確認できる。その新鮮さをシンプルに楽しむならしらす丼がおすすめ。炊きたてのごはんに刻んだ青ねぎをちらし、そのうえにしらすをたっぷり。卵の黄身をぽんと割り、食べるラー油をかけて全部を混ぜ合わせて食せば病みつきになるはず。にんにくチップや胡麻、旨みの入った食べるラー油はしらすと相性がいい。シャキシャキとしたねぎもいいアクセントになる。ちなみに「紋四郎丸」は地方発送してくれる。

MEMO

横須賀市秋谷に店舗を構える「紋四郎丸」。釜揚げしらすは湘南の海で獲れたしらすをその日のうちに釜揚げしたもの。ふんわりしっとりした食感とほどよい塩気と甘味が絶妙。

釜揚げしらす 大（294g）
926円＋税／紋四郎丸
※毎年1/1〜3/10は禁漁。

香ばしくてこっくり濃厚な甘辛味
ピーナッツバター餅

千葉産のピーナッツに北海道のてんさい糖、九十九里の塩だけで作った「HAPPY NUTS DAY」のピーナッツバター。余分な添加物が入っていない自然の素材だけで作ったこだわりのピーナッツバターは香ばしさが違う。定番のパンとの組み合わせだけでなく、調味料代わりに様々な料理に使えるので、我が家では欠かすことなく常備している。ピーナッツバターと餅を一緒に食べると美味しいと聞いてさっそくトライしてみた。焼いた餅にピーナッツバターを添え、きび砂糖をひとふりと醤油を少々。ピーナッツバターのこってり濃厚な甘さと醤油の塩気が相まって、みたらしのような甘じょっぱさがなんとも美味しい。わわ、まずい、お餅が何個でも食べられてしまう。困った。

MEMO
....
こだわり抜いた焙煎の上質なピーナッツバターを千葉県九十九里町からお届け。とにかく香ばしくて一度食べたら、他のものが食べられなくなるほど。粒ありと粒なしがある。

ピーナッツバター粒あり、ピーナッツバター粒なし
S 110g 各¥1,350＋税／HAPPY NUTS DAY

きゅんと甘酸っぱい旬の味
あんずのコンポート

毎年あんずの季節を楽しみにしている。生のままで食べ
ると酸味は穏やかなのに、砂糖と煮るときゅんと酸味が
立って俄然その持ち味を発揮する。ぱかっと縦に割ると
種が簡単に取り除ける。それを鍋に入れて砂糖やワイン
と一緒に煮るだけで色鮮やかなコンポートに。ただしあ
んずは煮崩れしやすいので、一度沸騰させたらあとは
極々弱火で優しく煮るのがコツ。出来上がったら薄皮を
取り除くとつるりとつやよく仕上がる。あんず500gは洗
ってヘタを取り、半分に割って種を取り除く。鍋に水
200㎖、白ワイン100㎖、グラニュー糖200g、レモン汁大
さじ1と一緒に入れて火にかける。沸騰したらキッチン
ペーパーで落としぶたをして弱火にし、10分煮て粗熱を
取り、シロップごと保存容器に入れて冷蔵庫で保存する。

······· **ARRANGE** ·······

コンポートをシンプルに
楽しめるのがヨーグルト
との組み合わせ。ヨーグ
ルトにのせたら、美味し
いシロップもたっぷりと。
ヨーグルトの代わりにバ
ニラアイスでも。

ラッシー風に。2人分で、
プレーンヨーグルトと牛
乳各200mℓにあんずのコ
ンポートを4切れとシロ
ップ大さじ3、レモン汁
小さじ2を氷少々とミキ
サーにかけるだけ。甘酸
っぱくて爽やか。

シロップごとなめらかに
なるまで撹拌したコンポ
ートをグラスに大さじ3
〜4とミントの葉を入れ
て、炭酸水を注いで軽く
混ぜればスカッシュ風に。
このソースはかき氷にか
けても抜群。

和洋中、何にでも合うものを

　料理を作るのと同じようにうつわも大好きだ。結婚して30年、若い頃から徐々に増えてきたうつわたちで我が家の食器棚はもういっぱい。それでも個展をのぞけば素晴らしいうつわの数々に目を奪われ、ひと目ぼれして連れ帰ってきてしまう。食器棚を改めて見直してみた。今流行りの「ときめかないもの」を断捨離して本当に我が家の食卓に合うものだけを残すようにしてみたら、ずいぶん風通しがよくなった。我が家のスタメンは大きく分けると3つ。実家で使っていて嫁入り道具に持ってきた愛着のある北欧食器、トラットリアやビストロなどのレストランで使われている「サタルニア チボリ」の白い皿やボウル。これは洋風の料理ならなんでも合う。そして日々の生活でいちばん出番が多いのが和洋中、何にでも合う日本の作家もののうつわだ。なかでも阿南維也さん、小澤基晴さん、亀田大介さん、余宮隆さんの作るうつわは私のざっくり男っぽい料理を受け止めて、美味しそうに見せてくれる頼もしい存在だ。シンプルでしっかりと芯があり、うつわ自体も美しいのに料理を盛りつけるとその懐の広さを発揮して料理を何割増しにも格上げしてくれる。

連れ帰ってきた阿南さんの白磁のうつわたち。

阿南さんの工房の一画にあるギャラリー。

　数年前のことになるが、ひょんなご縁で阿南さんと亀田さんの工房を訪れる機会を頂いた。大分県の別府湾を望む素晴らしい場所に工房を構えているおふたり。阿南さんは白磁や青白磁に、端正に一本ずつ彫り進めて完成させる縞のうつわなど、驚くほど緻密な手法を用いていることに驚かされた。品格があるのにどこか温かみを感じさせてくれる白磁を中心に集めさせて頂いている。亀田大介さんは白磁を中心に灰釉粉引や鉄釉、土釉などをモノトーンで表現したものが多く、おおらかさと共にモダンな雰囲気もあり、今の食卓にとても合う。昨年、別府の「岡本屋旅館」でランチを作るイベントをしたのだが、その際に使うパスタ皿をわざわざ作って頂いた。少し深さがあるふっくらとした厚みの白磁皿はパスタだけでなく、カレー、サラダなど、どんな料理とも相性がよく愛用させて頂いている。

シンプルで使いやすい亀田さんのうつわ。

特別に作って頂いたパスタ皿。

工房DATA

阿南維也

Instagram：@koreya.anan
住 大分県速見郡日出町平道1186
HP：www.anankoreya.com

亀田大介

Instagram：@daisukekameta
住 大分県別府市
オンライン店舗：https://kohoro.jp

Chapter
. . . .
2

SUMMER

暑さが厳しくなれば冷たいものがなによりのごち
そう。食欲がなくても喉ごしのいいゼリーや氷菓
ならウェルカム。とはいえ、冷たいものばかりで
は身体によくない。スパイスでパンチを出したり、
たまにはガッツリメニューでエネルギー補給も。
そういえば大好きなスイカや桃も出盛りに。冷製
スープやパスタにして存分に楽しみつくしたい。

フルーティな甘じょっぱさを楽しむ

ハワイアントースト

昔からフルーツを使った甘じょっぱい料理が好きだっ
た。「ピザにフルーツなんて信じられない！」と顔をしか
められてもデリバリーのピザのメニューにハムとパイナ
ップルの組み合わせを見つけると頼まずにはいられない。
しかもパイナップルは増量で。そんな欲望を叶えるべく
食パンを使って自宅で簡単にアレンジ。8枚切りの食パ
ンに薄くマヨネーズを塗り、スライスハムとカットパイ
ンを好みの大きさに切って並べる。その上に溶けるチー
ズをたっぷりのせてオーブントースターでチーズが溶け
るまで焼く。焼きたてをカリッとかじると、なんともジ
ューシー。目を閉じれば心は一気にハワイに飛ぶ（なん
ておおげさな）。食べず嫌いはいったん置いておいてト
ライしてみてほしい。

シンプルなのに病みつきになる美味しさ
貧乏人のパスタ

パルミジャーノとバターでざっくりと和えて黒胡椒を振
ったカチョエペペというシンプルなパスタがある。最近
では気軽なトラットリアのメニューでも見かけるように
なった。そこに半熟の目玉焼きをのせれば通称「貧乏人
のパスタ」。とろとろの黄身を崩しながら手早く混ぜた
ものを口に運ぶと麺好きにはたまらない一品に。私はひ
と工夫してにんにくを加えたアーリオオーリオペペロン
チーノバージョンで作るのが好きだ。にんにく1片はみじ
ん切りにして、種を取った鷹の爪と一緒にオリーブオイ
ルが冷たいうちからフライパンに入れてじっくり火を通す。
いい香りがしてきたら、パスタの茹で汁、袋の表示時間
より少し早く上げたパスタも加えて手早く和えたものに
目玉焼きをのせてパルミジャーノと黒胡椒をたっぷりと。

くるりと丸まった姿も可愛い
とうもろこしの素揚げ

とうもろこしに目がない。この時季、メニューにとうも
ろこしの文字を見つけると平常心でいられない。素揚げ
にするとくるりと反って見た目も可愛くてしかも食べや
すい。片栗粉をまぶせば香ばしさが増す。揚げたてにバ
ターと醤油を。あっという間にうつわが空になる。ちな
みにとうもろこしを切るときにはよく切れる包丁を使い
たい。まずは横に切り目を入れて、ふたつにぽきんと折
ってから、それぞれを縦4つ割りにする。そうすると食
べやすく、比較的短時間で揚げることができる。

RECIPE

材料
とうもろこし … 1本
片栗粉 … 大さじ2
揚げ油 … 適量
塩 … 少々
バター … 適量
醤油 … 適量

作り方
1 とうもろこしは皮をむき、ひげを取
り除き半分の長さに包丁を入れてふた
つに折ってからそれぞれを縦4等分に
切り分ける。ビニール袋に片栗粉を入
れ、切ったとうもろこしを加えてまん
べんなくまぶしつける。

2 揚げ油を鍋に入れ、160℃に加熱し
たところにとうもろこしを静かに入れ、
くるりと反るまで揚げる。

3 ザルなどにあげ、塩を軽く振り、う
つわに盛りつけてバターをのせて醤油
をかける。

たっぷりのニラが熱々の油で香り立つ

ニラうどん

曙橋に「敦煌」という中華料理のお店がある。ご夫婦ふ
たりでひっそりと営む8席のプラチナシートは今や次の
予約が2年後だとか。素材の持ち味を活かした優しい味
わいは食後感もすっきり爽やかなのに驚かされる。そん
な「敦煌」の夏の風物詩がニラうどん。幸運にも一度だ
け食べる僥倖に恵まれた。もう一度食べたくてもチャン
スが巡ってくることは難しい。だったら家で作ってしま
おうとトライしてみた。茹で上げたうどんに醤油大さじ
2とオイスターソース小さじ1を合わせたものをかけ、
細かく刻んだニラと万能ねぎを覆うようにたっぷりと。
煙が出るほど熱した太白胡麻油大さじ2を回しかけ、全
体をよく混ぜる。途中でお酢をかけて味変しても美味し
い。本家には到底及ばないが、家族絶賛の一品になった。

市販のペーストを使って簡単に
グリーンカレー

汗が出るほど辛くて爽やかな酸っぱさと甘さが食欲をそ
そるグリーンカレーはいつ食べても美味しいけれど、暑
い夏にはまた格別。材料さえ揃えてしまえば、じっくり
煮込む必要がなく、短時間でできるのもうれしい。独特
のスパイスを使った本格的な味わいも市販のカレーペー
ストを使えば簡単。具材は鶏もも肉、たけのこ、茄子、
パプリカ、ピーマン、しめじなど。ポイントはカレーペ
ースト1袋を最初に少量のサラダ油で炒めて香りを立たせ
ること。そこにココナッツミルク1缶（400㎖）と水100
㎖を入れて溶きのばしたところに鶏肉から火が通りにく
い順に具材を入れ、火が通ったら砂糖大さじ1とナンプ
ラー大さじ2で味を調えれば完成。ごはんは粘りがなく
香りのいいジャスミンライスならより本格的な味わいに。

MEMO

新鮮な青唐辛子が美味
しさのベース。ココナ
ッツミルクにスイート
バジルやこぶみかんの
葉、レモングラスなど、
辛さのなかに甘みも感
じられる深みのある本
格的な味をレトルトに
閉じ込めた一品。

タイカレー グリーン180g
330円＋税／ヤマモリ

チーズとライムの組み合わせが新しい
グリルドコーン

N.Y.に本店を構える「カフェハバナ」の名物料理にキューバ風のグリルドコーンがある。香ばしく焼いたとうもろこしにたっぷりの粉チーズとチリパウダーをかけてライムをぎゅっと搾って食べる濃厚で味わい深い一品。一度食べて以来すっかりハマってしまった。正しい作り方は不明なのだが、想像しながら自分流にアレンジ。とうもろこしは茹でるか蒸すかしてから、大胆に丸ごとか半分の長さに切ってアメリカンドッグに使うような串を刺す。全体にマヨネーズを塗りつけて直火で焦げ目がつくまで香ばしく焼きつける。魚焼きグリルを使ってもいい（その場合は串は後で）。そこに粉チーズをたっぷりまぶしつけて、チリパウダーも少々。ライムを搾ってかぶりつけばたまらない。ビールとも相性抜群だ。

汗をかきながらハフハフ食べたい
スンドゥブ定食

真っ赤なスープにふわふわの豆腐が入った純豆腐ことス
ンドゥブは小鍋で作れるので、ひとりめしに便利なメニ
ューだ。こちらも本格的な作り方はあきらめて、「なん
ちゃってレシピ」で簡単に作って楽しんでいる。市販の
キムチ鍋の素をベースに使うと簡単。ひとり用の鍋にキ
ムチ鍋の素を注ぎ、豚バラ肉、刻んだ白菜キムチ、えの
きやしめじなどのきのこ類、あればあさりも入れるとだ
しが出てさらに味わいが複雑になる。煮えばなが美味し
いやわらかな絹ごし豆腐、ニラなどを入れ、ぐつぐつと
煮えてきたら最後に卵を割り入れて、胡麻油をひとたら
し。少し甘めが好みなので、めんつゆを加えるのが私流。
その場合、水も足して味を調節する。炊きたてのごはん
をスプーンですくって浸しながら食べるのがおすすめ。

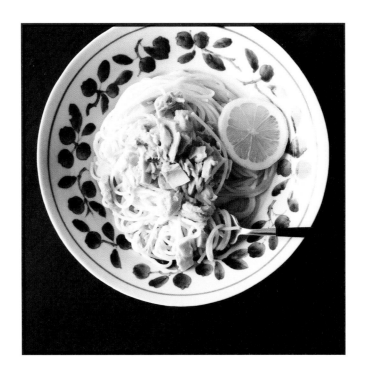

柚子胡椒と魚醬でアレンジ
ツナ入りレモンパスタ

三軒茶屋にある隠れ家イタリアン「NATIVO」で食べて
その美味しさにすっかりハマってしまったのがイタリア
産のツナを使ったレモンパスタ。ぴりっとした辛さは刻
んだ青唐辛子だ。あまりに感激していたら瀧本シェフが
気前よくレシピを教えてくださった。作り方は驚くほど
シンプルな分、材料はこだわりのものを使っていること
に納得。自宅で作る際には「由比缶詰所」のオリーブオ
イルに浸かったツナ缶を奮発する。ボウルにツナとレモ
ン汁を酸っぱいと感じるほどたっぷり、そこに隠し味の
イタリア産の魚醬、コラトゥーラを少々（ナンプラーで
も）。青唐辛子の代わりに柚子胡椒を適量。そこに茹で
上げたパスタを加えて混ぜるだけ。何度も繰り返して作
りたくなる大好きなパスタになった。

MEMO

鮮度のよい夏びん長ま
ぐろをイタリア産のオ
リーブオイルに浸けて
熟成させた一品。ツナ
の旨みが染み込んだ油
はそのまま使えるのが
魅力。フレークとファ
ンシーの2タイプ。

特選まぐろオリーブ油漬
ヒラ3号（90g）×3缶 フ
レーク780円＋税、 フ
ァンシー 840円＋税／
由比缶詰所

香ばしくてスプーンが止まらない
炒めとうもろこしのせごはん

とうもろこしの出回る時季によく作るのが芯も一緒に炊き込むとうもろこしごはん。すっかり定番になったので、目先を変えて作ってみたのが炒めたバターコーンを炊きたてごはんにのせたもの。仕上げに加えた焦がし醤油のおかげでより香ばしさが増してかき込むスプーンが止まらない。後のせすることで白いごはんのおかず感覚になる。とうもろこしは生のまま粒を包丁でこそげ落とす。その際、長さを半分にするとこそげ落としやすい。フライパンにバターを溶かし、とうもろこしを入れて炒める。火が通ったら、塩胡椒で味付けして仕上げに醤油を回しかけて香ばしく。炊きたてのごはんにのせて、あれば刻んだイタリアンパセリを少々。最近では炊き込むものよりこちらのほうが出番が多いほどだ。

自家製シロップがスパイシー
ジンジャーエール

カフェで自家製シロップを使ったジンジャーエールをよ
く見かけるようになった。スパイシーで爽やかで病みつ
きになる美味しさ。調べてみたら、自分でも簡単に作れ
ることがわかったのでさっそく。皮つきのまま繊維に沿
って薄切りにした生姜400gを鍋に入れて、きび砂糖
400gを加えてひと混ぜして1〜2時間ほど汗をかくまで
置いておく。水500mℓを注ぎ、ローリエ2枚と黒粒胡椒
4〜5粒、あればシナモンスティック1本を加えて火に
かけ沸騰させてアクを取りながら弱火で20分ほど煮込む。
仕上げにレモン汁½個分を加えればシロップが完成。冷
蔵庫で2週間ほど保存可能。シロップをグラスに入れて
炭酸水を注げばジンジャーエールに。レモンの輪切りや
ミントの葉を添えるとより清涼感が増す。

甘くないのが美味しい
水ゼリー

子どもの頃、母がよく作ってくれたのが水だけで作った
ゼリー液にフルーツが浮かんでいる通称「水ゼリー」。
なぜそんなものを作っていたのか知るすべもないが、さ
っぱりとして今でも時々食べたくなる。ゼリー液に甘み
をつけないので、使うフルーツは甘めのものを。バナナ
と缶詰のフルーツを使うのがマストというのが昭和のお
母さんらしい。板ゼラチン12gを水でふやかしてから、
水400mℓに加えて煮溶かす。粗熱が取れたらレモン汁
½個分を加えて混ぜ、バットなどに注ぎ、輪切りにし
たバナナ1本、ひと口大に切った缶詰めのパイナップル
や黄桃などを散らす。フレッシュなブルーベリーやいち
ごなどもお好みで。食べるときにレモンを搾って、はち
みつをたらして食べるのが今の私のおすすめ。

割烹料理店の一品みたい
いちじくの胡麻だれ

いちじくと胡麻だれの相性のよさは和食屋さんで知った
組み合わせ。白和えやごま豆腐のあしらいに添えられて
いるものを食べてその美味しさに目覚めた。いちじくと
いうとイタリアンレストランでもメロンの代わりに生ハ
ムに添えられることが多いように、塩気のあるものと組
み合わせることでその品のいい甘さが引き立つ。淡泊な
味わいなので塩気に加えて、胡麻の香ばしさや濃厚さが
加わるとまた一段と美味しく感じる。ごま豆腐を添える
こともあるが、いちじくを切って胡麻だれをかけるだけ
でも十分。よく皮はむかないのかと聞かれるが、皮のや
わらかなものはそのままで大丈夫。硬いときだけむけば
よい。お好みの胡麻だれで構わないが、私は少しパンチ
のある「鳥寛」の胡麻だれが気に入っている。

MEMO

胡麻の濃度が高く、風
味豊かな濃厚タイプ。
羅臼昆布でとった自家
製だしで深みを出し、
ちょっぴり唐辛子を効
かせたパンチのある味
が使いやすい。

しゃぶしゃぶごまだれ
220g 600円＋税／鳥寛

市販のかつでガッツリ美味しい
かつ丼

小腹がすいたらかつ丼？と突っ込まれてしまいそうだが、お許し頂いて。市販のとんかつを使って簡単にできる丼は腹ペコ男子にとって、喜びでしかない一品。かつをオーブントースターで温めているうちに他の具をささっと準備。とんかつは温めてから使うと美味しさが違う。ひとり分でひれかつ2〜3切れ、玉ねぎ½個。卵2個は溶きほぐしておく。小さなフライパンに薄切りにした玉ねぎとめんつゆ100mℓに砂糖大さじ1を加えて火にかける。玉ねぎに火が通ったら、食べやすく切ったかつを並べて、溶き卵を回しかけて、贅沢にももう1個卵を割り入れてふたをする。落とし卵は銀座の「梅林」を真似して。丼に盛ったごはんにのせれば、ちょっと甘辛な味のかつにとろけた黄身がからんでごはんがすすむ、すすむ。

自家製サルサで美味しさアップ

タコライス

軽いごはんものはおやつにぴったり。タコライスは味付きのタコミートさえ作っておけば野菜を刻むだけですぐにできる。タコミートは合びき肉とにんにく、玉ねぎのみじん切りを炒めて、市販のシーズニングスパイスを加えて炒め合わせるだけ。ごはんに出来上がったタコミートと刻んだレタス、アボカド、トマトをのせてピザ用チーズを散らして、ライムを搾って召し上がれ。トマトを自家製のサルサにすれば、より本格的な味わいになる。トマト1個、ピーマン1個、紫玉ねぎ¼個、にんにく½片をすべてみじん切りにしてボウルに入れ、刻んだパクチー、ライムかレモンの搾り汁大さじ1〜2、塩小さじ½、胡椒少々、タバスコはお好みで。メキシコ料理はレモンよりもやっぱりライムが気分。

MEMO

本格的なタコス用のシーズニングミックス。ひき肉500gを炒めてこのひと袋を加えるだけで簡単に本格的な味が楽しめる。スーパーやカルディなどで手軽に入手できるのもうれしい。

オールドエルパソ タコシーズニングミックス 30g 220円＋税／Wismettacフーズ

エスニックな甘じょっぱサラダ
パイナップルサラダ

フルーツはそのまま食べるだけでなく、ひと手間かけて
サラダっぽく食べるのが好きだ。スイカに塩の例のよう
に、塩味が加わるとフルーツの甘さが際立つ。浅草にあ
るベトナム料理店「オーセンティック」でもパイナップ
ルとパクチーのサラダの盛り合わせがある。これがなん
とも病みつきになる美味しさなのだ。通っている「LIKE
LIKE KITCHEN」で習ったパイナップルとパクチーの
サラダも我が家ではすっかり定番になっている。ひと口
大にカットしたパイナップル小½個分に対して、紫玉ね
ぎのみじん切り大さじ2、おろし生姜1片分、ナンプラー、
砂糖、レモン汁各大さじ½を合わせたもので和えて、刻
んだパクチーもたっぷり。甘酸っぱくて、チキンやポー
クのグリルなどにもよく合う。

すっきり爽やかに涼を取る
ノンアルコールモヒート

じりじりと汗ばむような日にはしゅわしゅわと弾ける冷
たいものがうれしい。呑んべいが泣いて喜ぶモヒートを
ノンアルコールで楽しんでいる。ライムとミントがたっ
ぷりの清涼感あふれる一杯は夏の厳しい暑さを一瞬忘れ
させてくれる。ライムの独特な香りがポイントだからぜ
ひともライムを使いたいところだが、なければレモンで
も大丈夫。ライムの搾り汁½個分にアガベシロップ（ガ
ムシロップでも）大さじ3をよく混ぜ合わせたものを氷
とひとつかみほどのたっぷりのミントの葉を入れたグラ
スに入れて、冷やした炭酸水を注げばノンアルモヒート
に。スライスしたライムも加えるとより爽やかさが増す。
ちなみにラムを加えれば通常のモヒートになる。こちら
は飲みすぎ注意。

カルピスミルクがどこか懐かしい味わい
ヨーグルトアイスキャンディー

IKEAに買いものに行ったら、カラフルなアイスキャンディー用の容器が並んでいて釘付けになった。眺めているうちにどうしても使ってみたくなり、連れ帰ってきた。家で作るアイスキャンディーはなぜこんなにも楽しいのか。フローズンヨーグルトをアレンジして作ってみた。プレーンヨーグルト100gと生クリーム100mℓにカルピスの原液100mℓ、練乳大さじ2をボウルに入れ、水でふやかした板ゼラチン5gを水大さじ2と湯せんして溶かしたものを加えて混ぜ、アイスのベースを作る。アイスキャンディーの容器にスライスしたパイナップルやキウイを貼りつけて一度凍らせたところにアイスのベースを流し込んで凍らせる。ゼラチンを加えることで溶けてぼたぼた滴るということがなくなるので食べやすい。

トマトとツナで食べごたえアップ
ツナトマトそうめん

ひと束ずつさっと茹でられるそうめんはこの時季、お昼ごはんにはもちろん、文字通り小腹がすいたときに重宝する。ただ薬味とつゆだけでは物足りないし、栄養的にもさみしい。我が家でよく作るのがトマトとの組み合わせ。トマトの酸味とめんつゆの甘辛さがよく合い、ぐんと美味しさが増す。茹でて冷水で締めたそうめんにつゆをかけたところに刻んだトマトを。それをベースにツナ缶を加えるとさらに旨みも食べごたえもアップ。刻んだ万能ねぎと水にさらしたみょうがもシャキシャキの歯触りがいいアクセントになる。食欲のなくなるこの時季は風味のいい香味野菜の力を借りてのり切りたい。またここにもずく酢を加えるのもおすすめ。さっぱりとしてミネラル分もたっぷり。爽やかな酸味が食欲を増してくれる。

しみしみの揚げ茄子がたまらない
茄子の揚げびたしのせ
ぶっかけうどん

夏の茄子は毎日食べたいくらい。焼いたり、蒸したり、
揚げたりと手を替え品を替えて食べつくす。なかでも相
性がいい油と組み合わせた揚げびたしは家族みんなの大
好物。大量に仕込んでしみしみになったところを翌日に
食べるのが最高だ。茄子5〜6本は半分に切って皮面に
隠し包丁を入れてみょうばんを加えた水（鮮やかな色に
なる）に浸してから揚げる。茄子を一度さっとだし汁に
くぐらせてから（地洗いといって油っぽさがなくなる）
つけ汁に浸す。つけ汁はだし汁400㎖、薄口醤油大さじ
3、みりん大さじ2、砂糖小さじ2を沸騰させておいた
もの。よく浸かった茄子を温泉卵と一緒にすだちおろし
うどんにトッピングしてみたら大ごちそうになった。

ソースのついた指まで美味しい
ガーリックシュリンププレート

ハワイでのランチの定番、ガーリックシュリンプを日本でも食べたくてハワイ在住の友人からレシピを教えてもらった。ただそのまま炒めるのではなく、下味を付けたものを一度揚げてからソースにからめるのが美味しさのコツ。甘めのマカロニサラダと一緒に盛り合わせて。マカロニサラダは「ベストフーズ」のマヨネーズをベースに、ヨーグルト、塩胡椒で味付けを。砂糖多めで甘めにするのがポイント。

RECIPE

材料（3人分）
えび … 12〜15尾
A | おろしにんにく
  … 1片分
  おろし生姜 … 1片分
  ココナッツミルク
  … ½カップ
  酒 … 大さじ2
  塩 … 小さじ1
  胡椒 … 少々
サラダ油 … 適量
バター … 適量
にんにく … 2片
生姜 … 1片
パセリ … 少々
マカロニサラダ … 適量
ごはん … 適量
ミックスグリーン … 適量

作り方
1 えびは塩（分量外）をまぶして洗い、水気を拭いて、背中側に包丁目を入れ、背ワタを取る。

2 ボウルに**1**を入れ、**A**をまぶして冷蔵庫で1〜2時間なじませる。

3 フライパンにサラダ油をたっぷり入れ、えびを揚げ焼きする。

4 別のフライパンにバターを溶かし、みじん切りにしたにんにく、生姜を炒め、揚げたえびを加えて炒め合わせる。パセリを振る。

5 マカロニサラダ、ごはん、ミックスグリーンと盛り合わせる。

爽やかな香りが食欲をそそる
新生姜ごはん

20年来、季節ごとに通っている湯河原にある旅館「石葉」
で食べて感激したのが新生姜の炊き込みごはん。土鍋の
ふたを開けると新生姜ならではの爽やかな香り、口に運
べばぴりっと爽やかな辛みがたまらない。あまりの美味
しさに見よう見まねで家でも作るようになった。材料は
新生姜にコク出しのための油揚げも入れる。米2合に対
して、新生姜1片（50〜60g）は皮をこそげてから千切
りに、油揚げ½枚は油抜きしてから5ミリ角に細かく切
る。といだ米にだし汁350㎖、薄口醤油大さじ2、みり
ん大さじ1、酒大さじ1を入れ、油揚げと新生姜をのせ
て普通に炊く。だし汁に塩気がない場合は塩小さじ1を
加えて。炊きたてを塩昆布と一緒に食べるのがおすすめ。
冷めたものをおむすびにしても抜群に美味しい。

あごだしでさっぱり冷麺風
冷麺風そうめん

徳島の土産に半田手延べの「こだわり麺」というそうめんをもらった。少し太めでしっかりとした食感だったので冷麺風にしてみたらさっぱりとしてとても美味しかった。本来冷麺のスープは牛すね肉をじっくり煮込んで作る手間ひまかかったものだが、簡単にあごだしを使ってみた。塩で味付けしたあごだしは冷蔵庫でよく冷やしておく。市販の白だしを水で薄めてもよい。トッピングにはさっぱりとした水キムチと茹でた鶏のささみを。水キムチは、きゅうりや大根を薄切りにして塩でもみ、米のとぎ汁2カップに昆布を入れて沸かして、生姜の搾り汁、はちみつ各小さじ2、酢大さじ2、スライスしたにんにくと鷹の爪を一緒に漬けたものだ。酸味が効いて、白菜キムチと一緒に入れることでぐっと本格的な味に近づく。

MEMO
....
徳島県美馬郡で200年の伝統を誇る「そうめんの里」で水、粉、塩にこだわった「芝製麺」の半田手延べそうめん。少し太麺のそうめんはつるりと喉ごしがよく、モチモチとした食感が美味。

最高級こだわり麺　300g×8束 3,150円＋税／芝製麺

熱々のパスタが美味しさのポイント
サラダスパゲッティ

千駄ヶ谷にもう何年も通っている「スパゴ」という和風
パスタのお店がある。いくつかお気に入りの私的定番メ
ニューがあるのだが、そのなかでもかなりの頻度で頼む
のがサラダスパだ。レタスやきゅうり、トマトにセロリ
などたっぷりの生野菜と茹で上げた熱々の麺をドレッシ
ングで和えた一品。ベーコンやソテーしたしめじをトッ
ピングすることもある。ドレッシングにはおろし玉ねぎ
を効かせてある。味を覚えて帰って家でも作ってみるよ
うになった。ワインビネガー大さじ2におろし玉ねぎ¼
個分、マスタード小さじ2に塩胡椒、砂糖各少々、オリ
ーブオイル大さじ5をよく混ぜて熱々のパスタにからめ
る。野菜とパスタがなじんでいくらでも食べられる。

ちぎるだけで簡単オツな味
水茄子のサラダ

スーパーの野菜売り場で水茄子が並んでいたら、そこを
素通りすることができないくらい水茄子が好きだ。パー
ンと皮が張っていて果肉がやわらかでジューシー、アク
も少なく生で食べるのが美味しい。金気を嫌うので、包
丁は使わず、手で適当に割き、サラダにしたりナムルに
したり。そのままにしておくとすぐに茶色く変色してし
まうので料理したらすぐに食べるのが美味しさの秘訣だ。
イタリア風に食べる簡単サラダはちぎった水茄子をオリ
ーブオイル、レモン汁、塩胡椒と一緒に手で和え、生ハ
ムと一緒に皿に盛ってパルミジャーノをたっぷりと振り
かけるだけ。チーズの塩気がフルーツのような瑞々しさ
を引き立てて、ワインによく合う。

桃の甘さを存分に楽しむ
桃の冷製パスタ

桃の時季になるとよく作る冷製パスタ。桃の
甘さと瑞々しさを存分に楽しめる大好きな一
品。レストランではほんのひと口のことが多
いから、自宅ではミニトマトやモッツァレラ、
生ハムなどももりもり具だくさんに。味のメリ
ハリは甘酸っぱいホワイトバルサミコで。

RECIPE
....

材料（2人分）
ミニトマト … 16個
にんにくみじん切り
　　…小さじ1
ホワイトバルサミコ
　　…大さじ3
オリーブオイル … 大さじ3
塩 … 小さじ2
胡椒 … 少々
パスタ（フェデリーニ）
　　… 160g
桃 … 2個
モッツァレラチーズ
　　… 1個（120g）
生ハム … 4〜6枚
スイートバジル … 1枝

作り方
1 ボウルに半分に切ったミニトマト、
にんにくのみじん切り、ホワイトバ
ルサミコ、オリーブオイル、塩、胡
椒を入れて混ぜ、ベースのソースを
作り、冷蔵庫で冷やしておく。

2 パスタは塩（分量外）を入れた湯
で袋の表示より30秒ほど長く茹で、
冷水に取ってしっかりと締めてから
ペーパータオルなどでしっかりと水
気を拭き、**1**のボウルで和える。パ
スタを茹でているあいだに桃の皮を
むき、ひと口大に切る。

3 うつわにパスタを盛り、桃、ソー
スのミニトマト、ひと口大にちぎっ
たモッツァレラチーズ、生ハム、バ
ジルを散らす。

食べるスープで水分＆ビタミン補給
スイカのガスパチョとブッラータ

夏の間、たっぷり作って冷蔵庫にいつも入っているのが
スイカのガスパチョ。トマトとスイカにセロリやきゅう
りも入ったガスパチョはまさに飲むサラダだ。ブッラー
タを浮かせれば食べごたえも栄養価もアップする。イタ
リアンの料理教室で教えてもらったレシピを作っている
うちに大好きなスイカの割合がどんどん増えてしまった。
美味しいトマトジュース400㎖、スイカ（種を取る）
200〜300g、きゅうり1本、セロリ½本、赤パプリカ1個、
玉ねぎ¼個、オリーブオイル大さじ4、ホワイトバルサ
ミコ大さじ2、塩小さじ½、バゲットの白い部分5㎝分
をミキサーにかける。よく冷やしたガスパチョにブッラー
タを浮かせて黒胡椒を挽き、オリーブオイルをひと回
し。食欲のないときでもすっと喉を通る。

エスニックな香りと甘さに癒される
ココナッツゼリー

グリーンカレーを作るのに買い置きしていたココナッツミルクの缶詰を他にも使えないかと考えて作ったのがこのゼリー。ココナッツミルクが濃厚でリッチな味わいなので牛乳と合わせるだけでムースのような食感になる。固めたゼリーにレモン汁を効かせたシロップをかけてフルーツを添えると簡単に作ったとは思えないスイーツになる。作り方はふやかした板ゼラチン15gと水50mℓ、砂糖40gを鍋に入れて煮溶かしたところに、ココナッツミルク400mℓと牛乳300mℓを加えて漉し、うつわに流して冷やし固める。砂糖100gと水400mℓを煮溶かしてレモン汁大さじ2を加えて冷やしたシロップをうつわにすくったココナッツゼリーにかけて、相性のいいマンゴーやパイナップルなどを添えて。

熱々の汁に冷たい麺の冷やあつを楽しみたい
けんちん風つけうどん

暑い日が続くと口当たりのよい冷たい麺類になりがち。
でも冷たいものばかりでは身体に悪い。この時季には冷
たい麺を熱々の汁に浸けて食べる冷やあつ麺がいい。つ
け汁は色々バリエーションがあるが鶏南蛮に旬の茄子を
使った、けんちん風のつけうどんはいかがだろう。ひと
口大に切った鶏もも肉を皮面に焼き色を付けてだしを注
ぎ、食べやすく切った茄子と長ねぎも加えてひと煮立ち
したら希釈タイプのめんつゆと塩で味を調えればつけ汁
は完成。うどんはつるりと喉ごしがよく、コシもある稲
庭うどんが相性がよいと思う。刻んだ万能ねぎやみょう
がなどの薬味もたっぷりと用意し、ぴりりと辛い黒七味
をかけて盛大にすすりたい。

もちもち感が病みつきのハワイのおやつ
バター餅

ハワイに滞在しているあいだに、マノアに住む友人がお
やつにバター餅を作ってくれた。ハワイで昔から食べら
れている素朴なお菓子で、どこのスーパーにも置いてあ
るし、各家庭それぞれのレシピがあるという。焼きたて
のバター餅はケーキのようなお餅のようななんとも不思
議な食感。バターのミルキーさがどこか懐かしい。作り
方は簡単。ボウルにもち粉（白玉粉でも）140g、グラ
ニュー糖75g、ベーキングパウダー小さじ1強を入れて、
ココナッツミルク150mℓと牛乳150mℓを合わせたもの、
溶き卵L玉1個分、溶かしバター40gを順番に加えて混
ぜる。18×18cmのスクエア型にオーブンペーパーを敷
いたところに流し込み、180℃に予熱したオーブンで50
分焼く。やわやわ＆もちもちの食感がクセになる。

練乳ミルクで作るかき氷が絶品

あんずミルクかき氷

現在、世のなかは空前のかき氷ブーム。フレッシュなフ
ルーツたっぷりの色鮮やかなソースがかかったふんわり
としたかき氷は、ひと昔前のこめかみがきーんと痛くな
るような代物とは全く別物。まさにスイーツといっても
いいくらいの進化具合だ。そんな新しいかき氷を家でも
食べてみたくて、思い切って「YukiYuki」なるかき氷
機を購入した。憧れのミルク氷は牛乳に練乳を加えて凍
らせる。牛乳300mℓに練乳大さじ5がちょうどいい。専
用のケースで凍らせたものをマシーンでシャリシャリと
削っていく。ふんわりと山になっていく様子は感激もの
だ。ソースはあんずのコンポート（P36）をつぶしたも
の。ミルキーなかき氷にきゅんと甘酸っぱいソースがよ
く合って、これは売り物になっちゃうかもと自画自賛。

·········· VARIATION ··········

桃ミルクかき氷

こちらは桃のコンポート
を使って。桃3個を皮ご
と縦ふたつに切って種を
取ったものを、白ワイン
と水各100mℓ、グラニュ
ー糖90g、レモン汁大さ
じ1と一緒に落としぶた
をして10分ほど煮てから
皮を取ってピューレ状に。

白玉宇治金時

ミルク氷に茹でた白玉を
のせ、抹茶を振って、缶
詰の茹で小豆を添えれば
簡単に白玉宇治金時が完
成。ミルク氷のまろやか
さが抹茶によく合う。抹
茶なしでも美味しい。

料理人の熱気が伝わるのが魅力

ご夫婦の空気感が素敵なFRANZ。

食べることが大好きなので、外食の際もカウンターのあるオープンキッチンのお店を選ぶことが多い。調理しているところが見えるカウンターに陣取って、手際よく料理ができていく様子を眺めるのはとても楽しい。レストランでは美味しいと思っても、よほどのことがない限り詳しい作り方を聞かない。プロならではの素材へのこだわりや卓越した技術はたとえ真似したとしても決して同じにはならないからだ。それでもカウンターから見える作業で、切り方のコツや火入れのタイミング、ソースに使う洋酒など、料理の勘どころがなんとなくわかる。家で料理を作るときになんとなく役立っているような気がする。和食でもカウンターのお店に行くが、ここではフレンチとイタリアンのお気に入りを紹介したいと思う。

まず白金にある「FRANZ」は路地の奥にひっそりとあるまさに隠れ家的なフレンチ。シェフと奥様おふたりが仲むつまじく並ぶキッチンと蝋燭が灯るカウンターのある店内はまるで海外のレストランのよう。とにかく素材の組み合わせが斬新で、伝統的なフレン

長いカウンターがおしゃれなNATIVO。

チのテクニックで仕上げるFRANZ流のおまかせコースに身をゆだねれば至福の時間が待っている。三軒茶屋の繁華街から離れた場所にある「NATIVO」は伝統的なイタリアンを軽やかに楽しめる場所。長いカウンターが取り囲むピカピカのキッチンで3人の料理人たちがそれぞれに料理を担当し、紅一点、チャーミングなカメリエーラの温かなサービスも心地よい。定番のツナとレモンのパスタは今では我が家でも作るようになった。そしてトリを飾るのは神泉にある「Orlando」。自他ともに認める人見知りシェフが切り盛りしている骨太イタリアン。たったひとりですべての料理を次から次へ手際よく料理していく様子はいつ見ても惚れ惚れしてしまう。肉でもティラミスでもなんでも大きく切り分ける気前のよさもまさに男前。

次々と料理が出てくるOrlando。

お店DATA

FRANZ
フ ラ ン ツ
☎ 03-6874-1230
🏠 東京都港区白金6-2-17
🈺 18：00〜22：00
　（完全予約制）
休 日曜・祝日

NATIVO
ナ テ ィ ー ボ
☎ 03-6450-8539
🏠 東京都世田谷区上馬1-17-8
🈺 18：00〜24：00
　（L.O.22：30）
休 日曜・不定休あり

Orlando
オ ル ラ ン ド
☎ 03-6427-0579
🏠 東京都目黒区青葉台3-1-15
🈺 18：00〜 完全予約制
休 日曜

Chapter
· · · · · · · · · · · · · · · ·

3

AUTUMN

食欲の秋、実りの秋、暑さが一段落する頃になる
と美味しいものがいっぱい。夏場は冷たいものば
かりを欲していたけれど、秋は豊かな食材を手を
替え品を替え、存分に味わいつくす。きのこに栗、
ぶどうに洋梨、大好きなものがたくさん。そうい
えば新米も炊き上がった。大地の恵みに感謝しな
がらありがたく頂こう。

麻婆豆腐の素を作ったときのご褒美麺
麻婆和え麺

麻婆豆腐を作るときはひき肉を炒めた肉みそのようなベースを多めに作って冷蔵庫にストックしている。この麻婆豆腐の素があると簡単に和え麺ができるからだ。豚ひき肉300gをフライパンでパラパラになるまで炒めたところに、にんにくと生姜のみじん切り1片分ずつを加えてさらに炒め、甜麺醤大さじ3、豆板醤大さじ3、豆鼓醤（豆鼓をみじん切りにしたものでも）小さじ3を合わせたものを加えて炒め合わせ、長ねぎのみじん切り1本分と花椒粉を加えてひと炒めすれば麻婆豆腐の素が完成。この素をひとり分大さじ2〜3に刻んだザーサイと胡麻油を加えたもので、茹でた中華麺を和えればピリ辛で後を引く味わいに。しびれる辛さの花椒も後がけして。あとは半熟卵とパクチーを添えて。

MEMO

麻婆豆腐の作り方。素半量を中華鍋に入れて熱し、チキンスープ150㎖を加え、酒、醤油各大さじ1で味を調え、さいの目切りにした豆腐1丁を加える。刻んだねぎも加え、水溶き片栗粉でとろみを付けて最後に胡麻油を。

メリハリのある味付けで食べごたえ満点
豚バラとエリンギの混ぜごはん

かなり前のことになるが割烹料理店で食べた松茸と豚バラのバター炒めで作った混ぜごはんがこの世のものとは思えないほど美味しかった。家でも作ってみたいけれど、高価な松茸をおいそれとは使えない。そこで食感が似ているエリンギを使うのを思いつき、今ではすっかりこちらが定番になっている。2㎝幅に切った豚バラ肉150g、2㎝幅の薄切りにしたエリンギ2パック分をにんにくみじん切りとバターで炒めて、コンソメ顆粒小さじ1、塩胡椒少々、醤油小さじ2で味付けしたものを炊きたてごはん2合にさっくりと混ぜる。仕上げにパセリを少々。具にメリハリがあるので食べごたえ満点。我が家ではあっという間になくなってしまうほどの人気者。あとは汁ものを添えれば立派な一食に。

肉なしでも美味しいこってり和え麺

納豆和え麺

息子が小学生のときからの付き合いになるママ友たちと
台湾旅行に行った。美味しいものがいっぱいで食べてば
かりのグルメ旅。もちろん市場や専門店でお土産もたん
まりと購入してきた。なかでも市場で買った「塩水^{イエンシュイ}
意麺^{イーミェン}」という乾麺はつるつるもちもちの食感が絶品。一
緒に買ったフライドエシャロットと納豆で和え麺にして
お土産レシピを楽しんだ。とはいえ、「塩水意麺」はな
かなか手に入らないのでそれ以降は平打ちの中華麺や稲
庭うどんで作っている。作り方は簡単。茹で上げた麺に、
タレと混ぜた納豆と卵の黄身、刻んだ万能ねぎとあれば
揚げねぎ、食べるラー油、ナンプラーをかけて一緒にぐ
るぐると混ぜるだけ。途中で黒酢をかけて味変するのも
おすすめ。ああ、また台湾に行きたくなってしまった。

とろけだすチーズがたまらない
チーズ入り焼きおにぎり

小腹がすいたときにさっと出てきたらうれしいのが、ちょっと焦げた醤油が香ばしい熱々の焼きおにぎり。焼きたてをあちちと頬張ると思わずにんまりしてしまう。焼きおにぎりの具で気に入っているのがチーズとおかかの組み合わせ。かぶりつくととろけたチーズの旨みと塩気が鰹節の風味とよく合ってとても美味しい。ごはんにピザ用のチーズと鰹節を適当に混ぜてこぶりのサイズに握る。こぶりのサイズだと短時間で焼けるし、香ばしい面が多くなる。フライパンに薄く油を引き、片面ずつ焼いていく。両面に香ばしい焼き色が付いたら、酒少々を加えた醤油をハケで塗り、乾かすようにもう一度両面を焼けば完成。チーズと鰹節の組み合わせにつぶした梅干しを入れてもさっぱりとして美味しい。

簡単ドレッシングで気軽に楽しむ
グリルチキンのせシーザーサラダ

シーザーサラダのドレッシングといえば本来は卵黄にア
ンチョビ、にんにく、タバスコ、チーズなどを加えて撹
拌して作る意外に手間ひまかかるもの。それをマヨネー
ズで簡単にアレンジ。ボウルにマヨネーズ大さじ2、プ
レーンヨーグルト大さじ1と酸っぱいのが好きならレモ
ン汁小さじ2、おろしたてのパルミジャーノ大さじ1〜2、
アンチョビペーストもあればそれも少々加えてよく混ぜ
る。このドレッシングとパリパリの食感が美味しいロメ
インレタスを和えたものに香ばしく焼いたチキンをトッ
ピング。鶏もも肉は塩をしてしばらく置き皮面から押し
つけながらじっくりと焼く。あとは温泉卵に追いパルミ
ジャーノと黒胡椒をガリリと。崩した黄身をからめて食
せばたまらない。アボカドを加えても美味しい。

ふんわり膨らんだ姿も可愛い
ダッチベイビー

オーブンのなかでふんわりと膨らんだ姿が可愛いダッチ
ベイビーというパンケーキがある。代々木八幡にある
「PATH」の朝食メニューのブッラータと生ハムをのせ
たダッチベイビーがとても美味しかったので、家でも真
似するようになった。薄力粉35g、卵1個、牛乳50mℓ、
塩少々をよく混ぜたものを溶かしバター大さじ1を入れ
たスキレットに流し入れて、220℃に予熱したオーブン
で15分。焼いているうちにモコモコと縁が立ち上がり
ダッチベイビー独特のルックスに焼き上がる。そのまま
でも十分美味しいが、ブッラータと生ハムと一緒に食べ
るととろりと溶けたブッラータと生ハムの塩気にメープ
ルシロップの甘さがたまらない。すぐにしぼんでしまう
ので焼きたてのふわふわを急いで食べたい。

皮ごと食べられるぶどうがおすすめ
凍りぶどう

毎年、秋の始まりに勝沼へぶどう狩りに行くのを楽しみ
にしている。お気に入りの「朝日園」で、たわわに実っ
た大粒のシャインマスカットや巨峰、ピオーネを自分の
手で収穫する喜びといったら。高級果実店ならうん万円
もするという上等のものを現地直売の恩恵でお安く手に
入れられるのもうれしい限り。トランクいっぱいに詰め
込んで、秋の味覚を堪能する。ぶどう園のご主人から教
えてもらったのが凍らせて食べる方法。房からはずして
ばらばらにしたぶどうの実をフリーザーバッグに入れて
凍らせるだけの簡単さだが、ぶどうが新鮮なうちに冷凍
してしまうのが美味しく食べるコツ。ちょっと溶けかけ
たときが食べ頃だ。暖房の効いた部屋で食べるしゃりし
ゃりの冷たいぶどうなんて、最高の贅沢だ。

潔いほどのシンプルさだけど深い味わい
生ハムのパスタ

麻布十番にある老舗のイタリアン「クチーナ ヒラタ」
とはもう30年以上のお付き合いになる。スペシャリテの
生ハムのパスタはバターで和えたパスタに生ハムをふわ
りとのせただけのシンプルさがいい。パスタの熱で溶け
始めた生ハムの脂と塩気に黒胡椒がぴりっと効いて、何
度食べても飽きることがない。メニューにどんなに心惹
かれるパスタがあっても、結局いつもこれを頼んでしま
う。それだけに素材のよさや調理のタイミングがとても
大切なのだと思う。本家には到底及ばないが、家でも作
ってみることがある。自宅ではパスタをアーリオオーリ
オペペロンチーノにして風味をアップ。そこに生ハムを
ふわりとのせて黒胡椒を挽きかければ、それでも十分美
味しい。ちなみに生ハムはイタリア産のものを使いたい。

お値打ちのお刺身が華麗に変身
五色納豆丼

晩酌用のおつまみによく作るのがまぐろやいかの刺身に
納豆、しば漬けやたくあん、薬味を加えた五色納豆。こ
れを焼き海苔に包んで食べるとなかなかオツな味わい。
お値打ちの刺身盛り合わせ1パックで家族3人分できて
しまうので意外に経済的なメニューでもある。この五色
納豆はもちろん白米とも相性抜群。丼にしてもとても美
味しい。まぐろといかは1cm角に切り、しば漬けとたく
あんも細かく刻む。薬味は万能ねぎ、みょうが、大葉な
どをお好みで。付属のタレで味付けした納豆に刺身と漬
けもの、薬味を混ぜて足りなければ醤油少々を加えて味
を調える。これをごはんにのせれば簡単美味しい丼に。
納豆はひきわりか小粒タイプが具とよくなじむ。ちなみ
にこの丼にはわさびよりもからしがよく合う。

塩昆布と胡麻油でオツな味

アボカドナムル

美味しいアボカドが手に入ったら作るシンプルだけどク
セになるやつ。半分に割って、種と皮を取り除いてスラ
イスしたアボカドに塩をぱらぱらと振り、塩吹き昆布と
千切りにして水にさらしたみょうがをのせて、胡麻油を
回しかけるだけ。ねっとりとしたアボカドに塩昆布の旨
みのある塩気と胡麻油の香ばしさ、みょうがのシャキシ
ャキ感がとてもよく合う。ビールにもワインにも日本酒
にも合うアテにぴったりの一品に。ちなみに塩昆布のお
すすめはすっぽんと一緒に炊いた「まつのはこんぶ」。
ところでアボカドの食べ頃を見極めるのは意外に難しい。
早すぎるとカチカチでネットリ感が足りないし、熟しす
ぎてぐずぐずだったりするとがっかりしてしまう。それ
だけに絶妙の食べ頃のものに出合うと本当にうれしい。

MEMO

松の葉のように細かく
刻んだ昆布をすっぽん
のだしで炊き上げた上
品でありながら旨みた
っぷりの塩吹き昆布。
ごはんのお供にはもち
ろん、調味料としても
重宝する。百貨店のオ
ンラインストアなどで
購入可能。

まつのはこんぶ　75g
2,000円＋税／花錦戸
☎0120-70-4652

バターとシナモンの香りにうっとり

シナモントースト

広尾の「パパスカフェ」のシナモントーストが大好きだ。
カリッとトーストしてある山型パンが2枚、ハート形に
盛りつけられてホイップクリームを伴ってサーブされる。
ただシナモンシュガーを振りかけただけとは違う、しっ
かりとシナモンが効いた濃い茶色の焼き上がりは他のお
店とは一線を画す香ばしい味わい。外側はカリッとなか
はふんわりという理想通りの焼き上がりにいつも感心さ
せられる。どうやって作っているのか聞けずじまいで早
10年以上が経つ。自分なりに工夫してみた結果はバタ
ーにシナモンシュガーを練り込んでから、たっぷりパン
に塗ってオーブントースターで焼くということ。合って
いるかはわからないけれど、かなりいい線いっているの
ではないかと自己満足している。

冷めたらバニラアイスを添えて
りんごのコンポート

つやつやと輝く真っ赤な紅玉がスーパーに並び始めると
ソワソワしてしまう。紅玉ならではの強い酸味が加熱す
ることでなんともいえない甘酸っぱさに変わり、素敵な
スイーツになる。スライスしてバターと砂糖を振りかけ
て焼いたベイクドアップル、バターと砂糖を焦がしてか
らめたキャラメルアップル、コンポートが我が家の定番
デザート。コンポートは、皮をむいて半分に切り、芯を
取ったりんご4個をグラニュー糖100g、白ワインと水各
200㎖を沸騰させたところにりんごとむいた皮、レモン
汁大さじ1、あればシナモンスティックも入れて、落と
しぶたをしてりんごがやわらかくなるまで中弱火で15
分ほど煮る。むいた皮を一緒に煮ることできれいなピン
クに仕上がる。冷やしてバニラアイスを添えれば最高。

「フルグラ」たっぷりの素朴な味
グラノーラクッキー

ドライフルーツ入りのグラノーラがたっぷり入ったザク
ザクとした食感が美味しい自慢のクッキー。バター多め
の生地でグラノーラをつなぐ感じ。雷おこしならぬグラ
ノーラおこしのイメージで。粉糖を使うことでさくさく
とした食感に仕上がる。差し入れにも大人気。

RECIPE

材料（16〜20枚）
バター（無塩）… 80g
薄力粉 … 120g
ベーキングパウダー
　… 小さじ½
粉糖 … 30g
きび砂糖 … 20g
塩 … ひとつまみ
水 … 15㎖
フルーツグラノーラ
　… 100g
くるみ … 適量

作り方
1 バターは室温に戻す。薄力粉とベーキングパウダーを合わせてふるっておく。

2 ボウルにバターを入れてクリーム状になるまで練り、粉糖ときび砂糖を加えて混ぜる。薄力粉とベーキングパウダー、塩、水を加えてひとまとまりになるまで混ぜ、グラノーラとくるみも加える。

3 天板にオーブンシートを敷き、ひと口大にすくってひとまとめにした生地を間隔をあけて置き、手で少し平らに押しつける。

4 180℃に予熱したオーブンで12〜15分焼く。金網にのせて粗熱を取る。

シンプルで食べ飽きないママの味

レアチーズケーキ

子どもの頃に母がよく作ってくれたレアチーズケーキ。
確かフィラデルフィアのクリームチーズが出回り始めた
頃におしゃれスイーツとしてブレイクした昭和のママの
味。久しぶりに作ってみたら、ほんのり酸っぱくてまろ
やかな味わいでやっぱり美味しい。グラハムクッキー
100gを砕いて溶かしバター50gと混ぜ、型（16×16cm）
に敷きつめて冷蔵庫で冷やす。室温に戻したクリームチ
ーズ200gに砂糖60gを加えてすり混ぜ、レモン汁大さ
じ2、プレーンヨーグルト150㎖、ふやかした板ゼラチ
ン10gを水30㎖で煮溶かしたものも加えてよく混ぜる。
生クリーム200㎖を七分立てにしたものも加えて混ぜ、
グラハムクッキー生地の上に流して冷蔵庫で冷やし固め
る。切り分けてブルーベリージャムを添えて。

新栗の甘さがマスカルポーネで引き立つ
栗きんとんのシャンテリー風

毎年秋になると楽しみに取り寄せているのが、栗の名産地、岐阜県大垣にある「つちや」の栗きんとん。材料はその年に採れた新栗と砂糖だけ。栗の風味を存分に楽しめる逸品だ。きゅっと絞った可愛らしい茶巾型のきんとんは渋茶でそのまま頂くのはもちろん、クリーミーなマスカルポーネを添えれば、即席のマロンシャンテリーの趣に。マスカルポーネは生クリームのように泡立てる手間がいらないので気軽に使えるのがいい。きんとんに甘さがあるので、砂糖なしでそのまま添える。マスカルポーネを小皿に大さじ1ほどのせてその上に栗きんとんをちょこんとのせて。きんとんを崩してマルカルポーネと混ぜながら食せばモンブランそのもの。ちなみに同じ「つちや」の「栗きんとんロール」も絶品。

MEMO

栗の名産地、岐阜県大垣にある和菓子店「つちや」。こだわり抜いた栗と砂糖だけを使った「栗きんとん」は季節限定の秋だけの楽しみ。

栗きんとん 6個入り 1,500円+税／御菓子つちや

土鍋で簡単にできるのがうれしい

中華風おこわ

若い頃に中華料理を習っていた。おこわというとセイロ
がないとできないと思われがちだが、このレシピは土鍋
で炊くことができるので気楽に作れて助かっている。う
るち米ともち米各2合は洗って30分ほど水に浸してから
水気を切って、土鍋に入れる。戻した干ししいたけ4枚、
たけのこ100g、煮豚150gを1cm弱角に切ったもの、干
しえび25g、洗った栗の甘露煮50gものせて、水720㎖、
顆粒の鶏ガラスープの素小さじ2、醤油大さじ2、紹興
酒大さじ1、塩小さじ½、生姜の搾り汁1片分を注ぎ、中
火で沸騰させてから弱火で8分炊き、10分蒸らせば完成。
ザーサイや食べるラー油、XO醤と一緒に食べるのがお
すすめ。栗の甘露煮の代わりに甘さ控えめの甘栗を使っ
てもよい。

納豆嫌いも好きになる
納豆チャーハン

骨董通りのなかほどのビルの地下にある中華料理店「ふーみん」の名物料理のひとつが納豆チャーハン。しっとりぱらりと仕上がったチャーハンは納豆嫌いも宗旨替えする美味しさ。自己流で作ってみたのがこのレシピ。納豆に味を付けてから加えることで味がぼやけないような気がする。ごはん茶碗大盛り1杯分で納豆1パックを使用。納豆は付属のタレに砂糖小さじ1を加えて混ぜておく。中華鍋に油を大さじ2ほど入れて熱し、溶き卵2個分を流し入れてざっくりと混ぜ、そこにごはんを投入。混ぜながら刻んだ煮豚、ザーサイ、長ねぎ各大さじ2を入れてあおるように炒め、塩胡椒を軽くして、最後に納豆を加えてさっと炒め合わせる。納豆のクセや匂いが旨みに代わり、誰でも美味しく頂ける。

スープを含んだぴろぴろが美味しい
ワンタンスープ

麺だと重すぎる、けれど食事にするにはちょっと物足り
ない、ワンタンスープはまさに小腹がすいたときにうっ
てつけの料理だと思う（私調べ）。鶏ひき肉を使ったさ
っぱりとした味が好みだ。鶏ひき肉120g、みじん切り
にした長ねぎ½本分、おろし生姜小さじ2、醤油小さじ1、
胡麻油小さじ2、砂糖、塩胡椒各少々を粘りが出るまで
よく混ぜたものをワンタンの皮20枚で包む。沸騰した
湯で浮き上がるまで3〜5分ほど茹でたワンタンを顆粒
の鶏ガラスープの素に塩と酒、隠し味に砂糖少々で調味
したスープに浮かべて刻んだ万能ねぎを散らして、香り
づけに胡麻油をひとたらし。もちろんラーメンにのせれ
ばワンタン麺になる。

鯛とはひと味ちがう美味しさ

まぐろ茶漬け

胡麻だれに刺身の鯛をからめるだけでごちそうになる鯛
茶漬けは忙しいときの我が家のキラーコンテンツだ。こ
ってり胡麻醤油味の刺身で白飯がいくらでも食べられる。
鯛をまぐろに代えてもまたそれも美味しい。まぐろはあ
っさりとした赤身がおすすめ。安いものでも十分。胡麻
だれは練り胡麻大さじ2〜3を煮切った酒大さじ2で少
しずつのばしたところに、だし醤油と醤油各大さじ2を
加えてよく混ぜる。削ぎ切りにしたまぐろを胡麻だれで
和えて、ごはんにのせて。まずは刺身とごはんのコンビ
ネーションを楽しんだら、熱い緑茶を注いで刻んだ万能
ねぎや三つ葉を散らして、美味しいおだしと薬味を心ゆ
くまで味わって。

身体の芯からじんわり温まる
鶏肉の中華粥

美味しいスープでとろとろに煮込んだ中華粥は身体が疲
れているときにじんわり沁み渡り、芯から温まるのがう
れしい。少量の米でたっぷりできるので、カロリー控え
めなのに満足度が高いからダイエット中にもおすすめの
一品。生米から作る場合は米に対して6倍の水でじっく
り煮込んでいくのだが、炊いたごはんを使っても簡単に
できる。顆粒の鶏ガラスープの素小さじ2を溶かした水
600mℓで茶碗1杯分のごはんをじっくり煮込む。途中に
ささみやしゃぶしゃぶ用の豚肉などを入れても。塩で味
を調えて胡麻油をたらして、刻んだ万能ねぎやパクチー
を添えて。また具を入れる前にミキサーで撹拌すれば長
時間煮込んだようにトロトロになる。シュウマイや卵と
トマトの炒めものなどを添えればランチにもぴったり。

バターとメープルシロップで香ばしく
芋ようかんのバターソテー

浅草に行くとお土産に必ず買うのが「舟和」の芋ようか
ん。さつまいもと砂糖だけで作った素朴な甘さがどこか
懐かしくて、時々むしょうに食べたくなる。そのまま食
べるのはもちろん、バターで香ばしくソテーしてからメー
プルシロップとからめるとまるでスイートポテトのよ
うな洋風のスイーツになる。フライパンにバターをたっ
ぷり溶かして焦げないように全面をじっくり焼いていく。
バターはあえて有塩のものを使うと甘じょっぱさが楽し
める。ちなみにこのバターソテー以外にも、薄力粉を水
で溶いた衣を一面ずつ浸しながら、テフロンのフライパ
ンで香ばしく焼いたきんつば風もおすすめの食べ方。シ
ンプルな作り方だからこそ、いろんなアレンジが楽しめ
るのだと思う。

ワインによく合うしゃれた味
チョリソーのトマトチーズ焼き

山下達郎のコンサートに行った帰りに、その余韻を楽し
みたくて、達郎のレコードをかけてくれるという代々木
上原にある古いワインビストロに連れて行ってもらった。
そこで食べて感激したのが、チョリソーにトマトソース
とチーズをかけてオーブンで焼いた一品。一緒に入った
コーンのシャキシャキとした歯触りもいいアクセントに
なっている。シンプルなのに具材の組み合わせの妙で目
から鱗の美味しさ。市販のものだけで作れるのもうれし
い。耐熱皿にチョリソーを並べ、コーンを散らしてトマ
トソースと溶けるチーズをたっぷりと。200℃のオーブ
ンでチーズが溶けるまで焼くだけ。ぴりっと辛いチョリ
ソーと甘酸っぱいトマトソースにまろやかなチーズがよ
く合い、ワインがすすむおつまみに。

MEMO

ありそうでなかなかな
いのが美味しいチョリ
ソー。明治屋のデリで
見つけた生タイプのも
のがプリッとジューシ
ーでとても美味しい。
熱湯で茹でてからトマ
トソースをかけて。

デリベイク明治屋 生ソ
ーセージ（チョリソー）
100gあたり400円＋税
／明治屋広尾ストアー

ビストロっぽい贅沢サラダ
カマンベール入りグルメサラダ

こちらもビストロで覚えた組み合わせ。香ばしく焼いた
厚切りベーコンと丸ごとのカマンベールに葉もの野菜と
アクセントにりんごを合わせてある。りんごの甘酸っぱ
さが美味しさのポイントだ。フルーツ入りの料理が好き
な私は小躍りしてしまった。ドレッシングはマスタード
を効かせたフレンチ。「マイユ」のマスタード大さじ1に
赤ワインビネガー大さじ1、塩小さじ½、胡椒少々、オ
リーブオイル大さじ3を乳化するまでよく撹拌するのが
コツ。水に浸してぱりっとさせた後、よく水気を切った
葉もの野菜は数種類取り合わせて。市販のグリーンミッ
クスを使うと簡単だ。皮ごと薄切りにしたりんごをド
レッシングで和えて、厚切りベーコンとカマンベールチー
ズを添えて。こちらもワイン泥棒。

禁断の甘じょっぱさを楽しむ
エルビスサンド

エルビス・プレスリーが愛したことからその名が付いた
エルビスサンド。その実態は香ばしいピーナッツバター
を塗って、バナナとベーコンをはさむという超ハイカロ
リー、禁断のトーストサンドイッチだ。それでもかじっ
てみればピーナッツバターとバナナの甘さにベーコンの
塩気がよく合って、甘じょっぱマニアにはたまらない。
サンドイッチにするとボリュームが出すぎるので、8枚
切りの食パンを使って軽く食べられるオープンサンドに
して少しでもカロリーオフするという無駄な抵抗をして
みる。素材が味を左右するため、ピーナッツバターは美
味しいものを使うのがポイント。P35でも紹介した
「HAPPY NUTS DAY」の粒なしタイプを愛用している。
イングリッシュマフィンで作るのもおすすめ。

作り置きしておけば重宝する
プルーンのワイン煮

プリンのレシピかと思わせてしまって申し訳ないが、プリンは美味しい市販のものにおまかせして、ここではプルーンのワイン煮のレシピを紹介する。プリン以外にもヨーグルトに添えたり、パテやレバーペーストにもよく合うので作っておくと重宝する。種抜きのドライプルーン200gと砂糖70gを鍋に入れて、赤ワイン250mℓを注ぎ、レモン汁大さじ1とあればシナモンスティック1本を加えて火にかけ、沸騰したら、弱火にして8分ほど煮て自然に冷めるまでそのまま置いておく。保存容器に移して冷蔵庫にストックすれば2週間は美味しく食べられる。残ったシロップは炭酸水で割っても爽やか。プリンにホイップクリームと一緒に添えて、シナモンパウダーを振れば大人のデザートになる。

よく熟れたバナナを使うのがポイント

バナナブレッド

母が作ってくれた素朴なおやつ。母のレシピはサラダ油
を使っていたのだが、溶かしバターに代えたら香りよく
リッチな味わいになった。縦に大胆に切ったバナナをの
せて焼くとバナナ感が増して、見た目もぐんと豪華に。
手土産にしても喜ばれること間違いなし。

RECIPE

材料
（18cmのパウンド型1台分）
薄力粉 … 100g
強力粉 … 60g
ベーキングパウダー
　… 小さじ½
ベーキングソーダ
　… 小さじ½
バナナ … 2本＋1本
きび砂糖 … 60g
溶き卵 … 1個分
バター … 80g
刻んだくるみ … 大さじ3

作り方
1 薄力粉と強力粉、ベーキングパウダ
ーとベーキングソーダを合わせてふる
う。パウンド型にオーブンペーパーを
敷く。

2 完熟したバナナ2本（正味200g）
をボウルに入れてフォークで粗くつぶ
す。きび砂糖と溶き卵を加えて泡立て
器でしっかり混ぜたら、溶かしバター
も加えてさらに混ぜる。

3 1の粉をふるいながら加え、ダマが
なくなるまで混ぜる。パウンド型に流
して、刻んだくるみを散らし、飾り用
に縦半分に切ったバナナ1本分を切っ
た面を上にして並べ、180℃に予熱し
たオーブンで40分焼く。

酸味とまろやかさの塩梅が絶妙

レモンクリームリゾット

レモンとクリームにパルミジャーノを組み合わせたレモンパスタが大人気だが、同じ組み合わせでリゾットを作ることもできる。リゾットにする場合はしめじも加えて食感と食べごたえをアップ。生の米を使うことでアルデンテ状態を楽しめる。鍋で小房に分けたしめじ小1パックと玉ねぎ½個のみじん切りをオリーブオイルで炒めたところに、米1カップ弱を入れて透明になるまで炒める。チキンスープ400㎖を加えて木べらで混ぜながらアルデンテの状態になるまで煮る。水分が足りなくなったら、チキンスープを少しずつ加えて調節する。レモン汁1個分、生クリーム100㎖を加えてひと混ぜしてから塩小さじ½、胡椒少々で味を調える。うつわに盛り、パルミジャーノをたっぷりと振りかける。

こっくりとした秋の味
きのこのポタージュ

寒くなってくると、温かなスープが恋しくなる。様々な
素材で楽しんでいるが、秋らしいのはやっぱりきのこ。
こっくりとした味わいで深まる秋を楽しみたい。2〜3
人分でしめじやマッシュルーム、しいたけなど好みのき
のこを数種類取り合わせて200〜250g用意する。石づ
きのあるものは取り除いて、すべてざく切りにする。鍋
にバター大さじ1を溶かして、薄切りにした玉ねぎ½個
分を炒め、しんなりしたらきのこ類も加えてさらに炒め
る。水300mℓとコンソメスープの素小さじ2、ローリエ
1枚も加えて中弱火で15分ほど煮る。ミキサーなどでな
めらかになるまで粉砕して鍋に戻し、牛乳150mℓを加え
て塩胡椒で味を調える。うつわに注いで生クリームを回
しかけ、刻んだパセリを振る。

華やかな色合いも楽しい

アボカドサーモンのタルティーヌ

残りものには福がある。前の晩にタルタルサーモンを作
ったら、ちょうどひとり分残った。キッチンを預かる主
婦の特権でタルティーヌにして、ひとりのランチタイム
に頂いてしまう。サワーブレッドを軽くトーストしてサ
ワークリームを塗り、つぶしたアボカドとスモークサー
モンを重ねる。ラッキーなことにいくらもあったので玉
ねぎのみじん切り、セルフィーユと一緒に散らした。サ
ワークリームの爽やかな酸味とアボカドにサーモンの塩
気がとてもよく合う。今回はひとり占めしてしまったが、
きれいなピンクとグリーンの鮮やかな配色はクリスマス
やお正月など、人の集まる華やかな場面にもぴったり。
パンを小さめなものにすれば手でつまんでひと口で食べ
られる。シャンパンと一緒に楽しんで。

旬のフルーツと卵で作るほっとする味
洋梨のクラフティ

熟れすぎて食べ頃を過ぎてしまったフルーツがあるとき
には加熱して食べるのがいちばん。コンポートやソテー
など色々バリエーションがあるが、肌寒い時季になると
作りたくなるのがクラフティだ。プリンのようになめら
かな舌触りにフルーツの甘酸っぱさが美味しい。ボウル
で、サワークリーム30gと卵黄2個、グラニュー糖50g
をすり混ぜたところに、薄力粉30gをふるい入れ、生ク
リーム150mlと牛乳100mlも加えてなめらかになるまで
混ぜる。22×16cmの耐熱容器にバターを塗り、ひと口
大に切った洋梨を並べて、ブルーベリーを散らし、クラ
フティ液を流して、180℃に予熱したオーブンで30分
ほど焼く。竹串を刺して何も付いてこなければ完成。仕
上げに粉糖を振っておめかしして。

MEMO
....

クラフティの生地のレ
シピを覚えておくとど
んなフルーツでもクラ
フティが楽しめる。洋
梨の他、あんずや桃、
ブルーベリーやいちご、
ぶどうなどもおすすめ。

スパイス控えめのふんわり素朴な味
キャロットケーキ

母ゆずりのレシピが続く。こちらも子どもの頃から慣れ親しんだ思い出の味。スパイス控えめでふんわりやわらかなので誰にでも食べやすい。にんじんは粗めにおろしたほうが食感が立って美味しい。甘酸っぱいクリームチーズのアイシングを塗れば、大きくカットしてもペロリとお腹に収まってしまうはず。コーヒーと相性抜群。

RECIPE

材料
（18×18㎝角型1台分）
にんじん … 1本（150g）
卵 … 2個
きび砂糖 … 120g
サラダ油 … 150㎖
レモン汁 … 大さじ1
A｜薄力粉 … 180g
　｜ベーキングパウダー
　｜　… 小さじ½
　｜ベーキングソーダ
　｜　… 小さじ1
　｜シナモンパウダー
　｜　… 小さじ1
　｜ナツメグ
　｜　… 小さじ⅓
〈アイシング〉
クリームチーズ … 200g
粉糖 … 40g
レモン汁 … 大さじ1

作り方
1 にんじんは皮をむき粗くすりおろす。

2 ボウルに卵を割りほぐし、きび砂糖を加えてよくすり混ぜる。サラダ油も加えてさらによく混ぜる。**1**とレモン汁も加えて混ぜる。

3 Aを合わせてふるい入れ、ゴムベラで粉気がなくなるまでよく混ぜる。

4 クッキングペーパーを敷いた型に流し入れ、160℃に予熱したオーブンで40分焼く。

5 焼いているあいだにアイシングを作る。ボウルにやわらかくしたクリームチーズ、粉糖、レモン汁を入れ、なめらかになるまで混ぜる。

6 焼き上がったケーキを網にのせて冷まし、型からはずしてアイシングを塗る。

COLUMN

美味しいハワイの情報源
〜 工藤まやさん 〜

　ハワイでコーディネーターをしている彼女とは、公私にわたり15年のお付き合いになる。ハワイ滞在中の頼もしい助っ人だ。このところハワイには年に数回、せいぜい1週間くらいの滞在になる。限られた滞在だとついついお馴染みのお店に行ってしまいがちだ。そんなとき、温故知新的な老舗から、行っておかないといけないホットスポットまで新旧取り混ぜて彼女が指南してくれる。ツボを突いたセレクトにはうならされること度々。食い意地の張った私があれも食べたいこれも食べたいと暴走するところを突っ込むのも忘れない。昨年の夏は彼女が住むマノアの自宅でバター餅とコーンビーフというハワイならではの家庭料理を教えてもらった。その代わり、彼女が来日した際には我が家に滞在してもらっておもてなしする。ただ作りすぎ食べさせたがりすぎでまたしても呆れられてしまうのだが。

Instagram : @mayahawaii325

ミルキーでもちもちのバター餅。

新鮮なまぐろが人気の「オフ・ザ・フック・ポケ・マーケット」のポケ丼。

美味しいかき氷の指南役
〜 町山由紀さん 〜

　一緒に食事に行く食いしん坊仲間にかき氷マニアがいる。休日ごとに都内はもちろん、ときには地方まで遠征するほどのツワモノだ。Instagramを見て食べたいと思ったクリームソーダ状のかき氷を食べに連れていってもらった。「喫茶ベレー」という可愛いお店で、どれも考え抜かれた目にも舌にも楽しいかき氷がメニューに並ぶ。これまでかき氷というとキーンとこめかみが痛くなるイメージだったが、ミルク入りの氷は優しくまろやか、季節のフルーツもたっぷりでどんどん食べ進めていける。しかもひとりで2個も3個も注文するのが普通だという。席の確保から注文の仕方など目から鱗のお作法の数々。静かな店内で粛々と食べ進んでいく同好の方々。思わず「かき氷道」という言葉が浮かんだ。知らない世界を教えてくれる食いしん坊仲間がいるのはとても幸せだ。

Instagram：@yuki3_0228

フレッシュないちじくがたっぷり
（9〜10月末限定販売）。

きゅんと酸っぱいあんずとミルク氷
が絶妙。

Chapter

4

WINTER

寒さが厳しいこの時季はオーブン料理で暖を取る。
オーブンから漂うバターの甘い香りはいつだって
幸せな気分にしてくれる。コトコト煮込んだスー
プや熱々の麺類も小腹がすいたときにうれしいメ
ニュー。クリスマスやお正月のごちそう続きのお
腹にはほっとするシンプルな味がうれしい。旬の
みかんやいちごでビタミン補給もしたい。

瓶詰めを活用して手軽に

鮭いくら雑炊

冷え切った身体で帰宅したときや晩ごはんを食べ損ねて
帰宅時間が遅くなったときなど、ひとり用の土鍋で作る
熱々の雑炊はうれしい一品。いちからだしをとらずに希
釈タイプの白だしを使えばとても簡単だ。土鍋に入れた
水に白だしを吸い物よりも少し濃いめに味付けして沸か
したところに、一膳分のごはんを入れ、ふっくらするま
で煮て溶き卵でとじるだけ。それだけでも十分美味しい
けれど、瓶詰めの鮭といくらを散らせばあっという間に
贅沢バージョンに。鮭茶漬けを雑炊にしたイメージだろ
うか。そこに刻んでひと塩したカブの葉を散らすのが気
に入っている。カブの葉の代わりにすぐきや高菜などの
漬けものでも美味しい。ハフハフいいながられんげです
くって口に運べば至福のひとときが待っている。

MEMO

水で薄めるだけで簡単
に美味しいだしができ
る白だしは1本持って
いると重宝する。「七福
醸造」の特選白だしは
色が淡く味が濃厚。し
っかりとした味で少量
使うだけでコクが出る。

特選料亭白だし 360㎖
665円＋税／七福醸造

牛乳プラスでミルキーな味わいに
ミルクシーフードヌードル

またやってしまった。レシピというのもおこがましい簡
単麺。以前、トムヤムクンヌードルにパクチーと追いレ
モンをして食べるのをご紹介したが、恥ずかしながら、
カップヌードルでもカスタマイズせずにはいられないの
が悪いクセ。シーフードヌードルに温めた牛乳を加えて
ミルク味に。何度か試してみてたどり着いた結果（おお
げさ）、すべてを牛乳にせず、水1：牛乳2の割合で温め
るのが密かなこだわり。今ではミルクシーフードヌード
ルも市販されるようになったが、自家製もあっさりミル
キーでなかなか。ちなみにシーフードヌードルに梅干し
を加えるのもさっぱりとしておすすめ。まさに小腹がす
いたときにぴったり。自分流にひと工夫したカップ麺を
すするのは小さな幸せを感じるひとときだ。

クリスマスな配色に癒される
ケール の サラダ

ハワイのハンバーガーショップで食べて、気に入ってしまったのがケールのサラダだ。ちぎったケールをレモン汁とオリーブオイルだけで作ったドレッシングで和えたシンプルなサラダにカッテージチーズとドライのクランベリー、あればローストしたナッツを散らすだけなのにとても奥深い味わいがする。ケールの爽やかな苦みとわしわしとした食感にレモンの酸味とクランベリーの甘酸っぱさ、カッテージチーズのまろやかなコクとナッツの食感がいいアクセントになる。取り合わせの妙という言葉が浮かぶほど、立体感のある味わいになるのだ。濃いグリーンに赤い実とカッテージチーズの白が引き立って、クリスマスの食卓にもぴったり。やわらかなベビーケールを使えばより美味しい。

お皿に咲いたオレンジの花が可愛い
みかんヨーグルト

この時季のビタミン補給役を一手に担っている感がある
のがみかん。簡単に皮がむけて、何個でも食べられてし
まう。子どもの頃、食べすぎて手が黄色くなったと騒い
でいたのも懐かしい思い出。そんな身近な存在のみかん
をひと工夫しておしゃれに変身させてみた。水切りヨー
グルトをうつわに敷き、皮をむいて半分に切ったみかん
を並べ、塩を振ってからオリーブオイルを回しかける。
ざくろがあれば飾りに散らせば、色もきれいでぷちぷち
とした食感もアクセントになる。水切りする手間がいら
ない濃厚な食感のギリシャヨーグルトならもっと簡単に
できる。白いうつわにオレンジ色の可愛い花が咲いたよ
うで、となりの幼馴染みが気が付いたら素敵なレディに
なっていた♡というストーリーが思い浮かんでしまった。

シャウエッセンでさらに満足度アップ

ナポリタンオムレツのっけ

週末のお昼によく登場するのがナポリタン。半熟のオム
レツとシャウエッセンを添えるのが定番だ。我が家のナ
ポリタンはひとり分で玉ねぎ½個をベーコン2〜3枚と
一緒にバターで炒め、ケチャップ大さじ6、トマトペー
スト大さじ1、水大さじ2、コンソメ顆粒小さじ2を加
えてふつふつとするまでしっかり火を入れたところに、
袋の表示通りに茹でたスパゲッティを加えて炒め、最後
に輪切りにしたピーマンを加えてひと混ぜすれば完成。
その上に、卵2個に塩、牛乳各少々を入れてやわらかく
仕上げたオムレツをのせてシャウエッセンを添える。喫
茶店のようにしたければ、太めの麺を使って、表示時間
よりも少し長く茹でてやわらかめにするのがおすすめ。
タバスコと粉チーズをたっぷりかけて召し上がれ。

スナック感覚で楽しめる
レンコンのチーズ焼き

レンコンのシャキシャキとした歯触りが好きで我が家で
はよく食卓に上る。旬の瑞々しいレンコンをきんぴらに
したり、甘酢に浸けて酢レンコンにしたりと我が家の常
備菜には欠かせない。洋風に食べたいときはチーズ焼き
が簡単で美味しい。皮をむいて5〜6mmにスライスして
水に浸したレンコンの水気を拭き、オリーブオイルを引
いたフライパンに並べて両面を香ばしく焼きつける。そ
こにチーズを散らし、ふたをして溶ければOK。シュレ
ッドタイプのパルミジャーノが気に入っている。仕上げ
に、チリパウダーを振ればぴりっと引き締まる。南青山
にあるパンケーキハウス「APOC」の「クレオール ス
パイス ミックス」はチリパウダーに様々なスパイスが
ミックスされて風味がいい。

MEMO

このレンコンのチーズ
焼きで愛用しているの
がニュージーランド産
のシュレッドタイプの
パルメザンチーズ。し
っかり溶けて、からむ
のがいい。

パルメザン ラッペ 250g
1050円＋税／世界チー
ズ商会

ヘルシーで旨みたっぷり
ごまだし豆乳うどん

大分、佐伯漁港の漁師のおかみさんたちが作っている
「佐伯ごまだし」という調味料がある。獲れたてのアジ
や鯛などを焼いてほぐしてたっぷりの胡麻と醤油、きび
砂糖などと煮込んだもので、すべて手作業で作られてい
るそうだ。ごはんのお供にはもちろん、和風のアンチョ
ビ感覚で様々な料理に使えて重宝する。茹で上げたうど
んに「ごまだし」をのせてお湯を注ぐだけで旨みたっぷ
りの汁うどんになる。温めた豆乳をかけたお茶漬けも絶
品だ。そのふたつを合わせてみれば間違いない美味しさ。
作り方は簡単。茹でたうどんを丼に入れ、温めた豆乳を
注ぎ、「ごまだし」をのせるだけ。梅干しと塩昆布、薬
味を添えれば味のめりはりがついてさらに美味しくなる。
ヘルシーで栄養もたっぷりなのもうれしい。

MEMO

大分県佐伯漁港の漁師
のおかみさんたちがす
べて手作りで作るごま
だし。アジ、鯛、エソ
の3種類。AKOMEYA、
DEAN&DELUCA、
などで購入可能。

ごまだし3個セット（ア
ジ・鯛・エソ200g×各
1個）3,164円（税込）／
漁村女性グループめばる

魚卵万歳！お餅を贅沢に
からすみバター餅

この時季ならではの珍味、からすみは呑んべいではなくても舌舐めずりしてしまうほど好物な人も多いはず。からすみといえば薄切りにした大根との組み合わせが定番だったが、最近では焼いた餅ではさんだからすみ餅が和食のお店でも人気のようだ。お正月にはここにバターもプラスして海苔で巻いた贅沢な磯辺巻きを楽しんだ。この組み合わせを考えた人、天才！というくらいの絶妙さで、お正月以外にもよく食べるようになった。高価なからすみはなかなか使えないので手軽なカラスミパウダーを使って。それでも十分美味しい。バターで香ばしく焼いた餅に塩をぱらりと振ってから、からすみパウダーをたっぷりのせて海苔に巻いてぱくりと。きっとひとつで満足できない悪魔的なおつまみができてしまった。

意外な組み合わせがハマる
豚バラ黄ニラそば

西麻布にある「おそばの甲賀」は一年を通して何度も足
を運ぶ大好きなお店だ。季節ごとの限定メニューも楽し
みのひとつ。牡蠣や鴨と芹などの冬のおすすめもたまら
ないが、家でひそかに真似しているのが豚バラと黄ニラ
の組み合わせ。つゆに溶け出た豚バラ肉の脂身の旨みと
黄ニラの風味が打ちたてのそばにからんでなんともいえ
ない美味しさ。家では高価な黄ニラではなく、緑のニラ
を使うことがほとんどだが、それでも十分。豚バラの薄
切りをひと口大に切って、フライパンでさっと焼き目を
つけると香ばしい。希釈タイプのめんつゆをだし汁で割
るのが私流のこだわり。つゆの風味がぐんと香りよくな
る。つゆを沸かして、焼きつけた豚バラとニラをひと煮
立ちして茹で上げたそばにかければ完成。

思い立ってすぐできるのがうれしい
小倉白玉バナナ添え

暖かい部屋で冷たいデザートを楽しむのは冬ならではの
醍醐味。市販のアイスクリームやゼリーにヨーグルトや
フルーツをあしらった簡単パフェをよく作る。そこに缶
詰の小豆やひと手間かけて白玉を添えると和スイーツに。
白玉は水を入れて練り、丸めて茹でるだけでつるつるの
もちもちを楽しめるので常備しておくと本当に重宝する。
茹でたての白玉を冬の冷たい水でキュッと締めて、バニ
ラアイスクリームと缶詰の小豆、バナナを添えて、冷た
い牛乳もしくはココナッツミルクを注ぎ、きな粉を振れ
ばどこかエスニックな香りのするアジアンスイーツに。
家に常備してあるものを組み合わせるだけで休日の昼下
がりに豊かな気分になれること間違いなし。ちなみに中
国茶にとてもよく合う。

市販品をひと工夫
黒胡麻アイスクリームと春巻きの皮のスティック

中華料理のデザートで人気の黒胡麻のアイスクリーム。でもなぜか市販されているのを見たことがない。バニラアイスに練り黒胡麻を混ぜてみたら遜色のないでき映え。余った春巻きの皮にバターと砂糖を巻き込んでオーブンで焼いたら、揚げ菓子のような香ばしさに。

MEMO

一度溶かしてから練り胡麻を混ぜるので、ベースになるアイスクリームはラクトアイスではなく、乳脂肪分の高い上質のアイスクリームを使うのがポイント。「ハーゲンダッツ」や「レディボーデン」のバニラがおすすめ。

RECIPE

黒胡麻アイスクリーム

材料（作りやすい分量）
バニラアイスクリーム
　　…470㎖（1カートン）
練り黒胡麻…120㎖

作り方
1 バニラアイスクリームは冷蔵庫でスプーンが楽に入るくらいのかたさになるまでゆるめる。

2 ボウルにアイスクリームを入れて、練り黒胡麻を加えてなめらかになるまで混ぜ、再び冷凍庫に入れて冷凍する。

春巻きの皮のスティック

材料（5本分）
春巻きの皮…5枚
バター…適量
グラニュー糖…適量
A 小麦粉…大さじ1
　　水…大さじ1

作り方
1 春巻きの皮は半分に切り、バターを塗ってからグラニュー糖を振り、端から細くクルクルと巻き、巻き終わりをAを混ぜて作ったのりでとめる。

2 天板にオーブンシートを敷き、1を並べ、200℃に予熱したオーブンで表面がこんがりとするまで10〜12分焼く。

簡単にできて栄養満点
ニラ玉のせラーメン

インスタントでも生タイプでも具なしのラーメンはなん
だかさみしい。何かないかなと冷蔵庫を漁っていたら、
ニラと卵があった。ニラ玉を作ってのせてみたら、卵の
黄色とニラの緑がいい感じ。炒めたニラにスープがから
むのもいい。アドリブがうまくいったときは美味しさも
ひとしお。思わずにんまりしてしまった。ニラ玉は溶き
卵に塩少々を加えて、油を多めに入れて熱したフライパ
ンに流し入れて、ざっくりと混ぜて半熟にしてから一度
取り出したあとに、ざく切りにしたニラを入れ、水少量
と顆粒の鶏ガラスープの素、塩胡椒少々で味付けし、卵
を戻してひと混ぜ。これを醤油ラーメンにのせて、胡麻
油をひとたらし。ニラを炒めるときに水を少量加えると
カラカラにならずしっとり色鮮やかに仕上がる。

さっぱりで食べごたえあり
春雨スープ

白菜が美味しくなるこの時季になるとよく食卓に上るの
が、大量の白菜に豚バラ肉と鶏もも肉、干ししいたけ、
春雨にたっぷりの胡麻油を加えて作る「ピェンロー」な
る鍋。豚と鶏、干ししいたけの戻し汁を加えることでな
んともいえない深みが出る。そこまで濃厚な旨みがある
わけではないけれど、さっぱりとした春雨スープも小腹
がすいたときにはうれしい一品。顆粒の鶏ガラスープの
素かウェイパーを溶かした湯に豚バラの薄切りと細切り
にした白菜を入れてやわらかくなるまで煮たところに戻
した春雨を入れて、塩と胡麻油で味を調えて。アクセン
トにはぴりりと香りのいい黒七味が合う。麺よりもカロ
リー控えめなのもうれしい。

残りものには福がある
カレー雑煮

カレーが少し残ったとき、ひとりこっそり楽しんでいる
のが鍋にこびりついたカレーを牛乳でこそげ落として作
るカレースープだ。辛さのかけらもないカレー風味のク
リームスープといった趣で、まろやかでどこか懐かしく
て、ちょっといじましいところがいい。まばらに浮かん
だ肉片や野菜も愛おしく、その煮崩れ感がやけに美味し
い。そのままでも十分だが、ちょっとボリュームのほし
いときには焼いた餅を入れて雑煮にしてしまう。香ばし
い焼き餅にミルキーなカレーがからんで最高に美味しい。
その場合には希釈タイプのめんつゆを少し加えるとカレ
ーうどんのつゆのようになって味にまとまりが出る。そ
うなると長ねぎも加えてとか、きのこも入れてとか、
堂々のリメイクレシピになってしまった。

おかず感覚で食べられる
ブロッコリーとささみのホットサラダ

寒いときに身体が冷える生野菜はあまりたくさん食べられない。ほんのり温かなホットサラダなら身体にも優しく、おかず感覚でもりもり食べられるのがうれしい。おすすめは火を通すことで甘みが増すブロッコリーやカリフラワー。緑と白のコントラストがきれいなので両方をミックスするのもおすすめだ。ささみはひと口大に斜め切りにして軽く塩胡椒してフライパンで香ばしく焼く。ブロッコリーは小房に分けてから軽く塩をまぶしてしばらくおいてから熱湯で茹でる。2分ほど茹でてザルにあげたら、熱いうちにささみと一緒に粒マスタードドレッシングで和える。ドレッシングは粒マスタード小さじ2、白ワインビネガー大さじ1、醤油小さじ1、塩胡椒少々、オリーブオイル大さじ3を混ぜたもの。

トロトロ熱々がたまらない
シェーパーズパイ

たっぷり作ったミートソースが残ったときに作るのが、
マッシュポテトをのせて焼いたシェーパーズパイ。トロ
トロ熱々のポテトにミートソースがからんでたまらない
美味しさ。堂々と主役を張れる一品なれど、小腹のすい
たときのおやつに食べるのがたまらなく幸せなのだ。

RECIPE

材料（4人分）

〈ミートソース〉

A 玉ねぎ … 1個
   にんじん … ½本
   セロリ … ½本
   にんにく … 1片

オリーブオイル … 大さじ3
牛ひき肉 … 500g
赤ワイン … 200㎖

B トマトの水煮 … 1缶（400g）
   トマトペースト … 30g
   コンソメ顆粒 … 小さじ2
   塩 … 小さじ½
   胡椒 … 適量
   ローリエ … 2枚

〈マッシュポテト〉

じゃがいも … 3個
バター … 30g
生クリーム … 100㎖
塩 … 小さじ⅓
胡椒 … 適量
パセリ … 適量

作り方

1 Aの野菜はみじん切りにしてオリーブオイルで甘みが出るまで15分ほど炒める。

2 別鍋でひき肉を炒め、火が通ったら、1と赤ワインを加えて赤ワインの水気が飛ぶまで煮詰めてから、Bを加えて30〜40分煮込む。

3 じゃがいもは皮をむいて、ざく切りにしてからひたひたの水加減で水から茹でる。やわらかくなったらつぶしてバターと生クリームを加えて、塩胡椒で味を調える。

4 耐熱皿に2を敷き、3を覆うようにのせてフォークなどで飾りをつけ、バター（分量外）をちぎって散らし、200℃に予熱したオーブンで20分焼く。うつわに盛って、パセリを散らす。

何度もリピートしたくなる
ベイクドスライスアップル

小堀紀代美先生が主宰されている料理教室「LIKE
LIKE KITCHEN」で習って以来、何度作ったかわか
らないくらいリピートしているのがスライスしたりんご
にバターと砂糖をかけてオーブンで焼いたベイクドアッ
プル。焼きりんごよりも簡単なので思い立ってからすぐ
にできるのがうれしい。甘酸っぱさが美味しい紅玉2個
は皮ごと半分に切って、芯をスプーンなどでくりぬいて
から5mm厚さにスライスして、バターを塗った耐熱皿に
並べ、きび砂糖大さじ2を振りかけて、バターをところ
どころにのせる。アルミホイルをかぶせて180℃のオー
ブンで20分、ホイルをはずして25分ほど焼けばOK。
焼きたての熱々をバニラアイスと一緒に食べるのが最高。
もちろん冷やしても美味しい。

MEMO
....

熱々も美味しいけれど、
冷やして食べてもまた
美味。バニラアイスク
リームを添えればデザ
ートに、マスカルボー
ネを塗ったトーストにの
せても朝食にぴったり。

ほっこり優しい甘みに癒される
焼きバナナプリン

バナナが家にあるとなんだか安心する。とはいえ、毎日
食べるわけでもなく、気がつくと皮は真っ黒に。けれど、
そのような熟しすぎのバナナたちも火を通すことで素晴
らしいパフォーマンスを発揮する。そうなると、むしろ
お菓子にするために育てているといっても過言ではない。
バナナブレッドにすることが多いが、たまにはプリンに
するのも目先が変わっていい。バナナ3本は1.5cmの厚
さにスライスしてバターを塗った耐熱皿に敷きつめる。
卵1個、牛乳180ml、きび砂糖大さじ1、はちみつ大さじ
1を合わせたものを流して、干しぶどうを散らして200
℃に予熱したオーブンで30〜40分焼く。熱々よりも冷
ましたほうがしっとり馴染む。そのままでももちろん美
味しいが、ミルクティーのアイスと一緒に食べると絶品。

お酒のアテで大人ののっけ飯
クリームチーズおかかごはん

炊きたてごはんにバターの例を上げるまでもなく、乳製品とごはんの相性のよさは広く知られるところ。溶けるチーズも美味しいけれど、クリームチーズとの組み合わせをぜひ一度試してみてほしい。ねっとりと濃厚なコクと爽やかな酸味のバランスがごはんの甘さにとても合う。旨みを補う鰹節と薬味に刻んだ青ねぎ、醤油をたらせばオツな味わいに。実はこの組み合わせ、クリームチーズ奴と呼んで、我が家ではよくお酒のアテに作る一品。それをごはんにのせてみたら、なんだかとても美味しくて、それ以来、ごはんバージョンが定番。ここに明太子をプラスするのもおすすめ。おむすびにしても喜ばれること間違いなし。

懐かしの昭和な味
ジャーマンポテト

ベーコンとじゃがいもを香ばしく炒め合わせたジャーマ
ンポテトは子どもの頃によく母にリクエストして作って
もらった大好きなメニュー。それなのにいつの頃からか、
頭の中からすっかり抜け落ちて、食卓に上ることも少な
くなってしまった。レストランではなく、喫茶店やビア
ホールのメニューにある昭和の味。ふと思い出したら食
べたくてたまらなくなった。母のレシピを思い出しなが
ら作ってみたら、懐かしい記憶がよみがえった。茹でた
じゃがいもは皮をむいてひと口大に切り、にんにく少々
と薄切りにした玉ねぎ、細切りにしたベーコンをバター
で炒めたところに加えて塩胡椒したら、中火弱のフライ
パンでじっくりと焼きつけて、パセリを振る。じゃがい
もの表面がカリッと焦げたところがたまらなく美味しい。

まろやかな酸味がたまらない
クリームチーズ入りフレンチトースト

数年前、朝食の美味しいお店で食べてその組み合わせに感心したのがクリームチーズとブルーベリーをはさんだフレンチトースト。溶けたチーズとブルーベリーの甘酸っぱさが相まってスイーツ感も食べごたえもアップ。作り方も簡単なので時々作って楽しんでいる。6枚切りの食パンを半分に切り、厚さ半分のところに切れ目を入れてポケットのようにして、半分に切った「kiri」のクリームチーズとブルーベリー数粒をはさんだものを、卵2個、牛乳100㎖、砂糖大さじ1を溶き混ぜたところに5分ほど浸して、バターを溶かしたフライパンで両面に焦げ目がつくまでふたをして弱火でじっくり焼く。ホイップクリームを添えて、ブルーベリージャムやメープルシロップをかけて。朝食だけでなく、おやつにもぴったり。

香りのいいシロップがじゅわっと染み出す
ババオラム

フレンチやイタリアンのデザートメニューにあると必ず
頼んでしまうのがラム酒入りのシロップをたっぷりと染
み込ませたブリオッシュにホイップクリームをたっぷり
添えたババオラム。お酒はそんなに強くないくせに、じ
ゅわっと染み出る香りのいいラムシロップとまろやかな
生クリームの組み合わせにはなぜかぐっとくる。市販の
ブリオッシュを使えば家でも簡単に作ることができる。
ブリオッシュ6個分で、水400㎖にきび砂糖150g、レ
モンの皮½個分を入れて沸騰させて、ラム酒75㎖、あれ
ばコアントロー大さじ2を加えてシロップを作る。横半
分に切ったブリオッシュの切り目にシロップをたっぷり
染み込ませて、ホイップクリームをはさみ、あればアプ
リコットジャムを表面に塗る。

お肉と黄身をからめて

ローストビーフ丼

ローストビーフは薄めに切ったものを何枚も食べるのが
好きだ。ピンク色の断面が美しいローストビーフが手に
入ったら作るのが、炊きたてごはんにのせたローストビ
ーフ丼。薄切りにしてとろけた黄身をからめてからシャ
キシャキとした歯触りの薬味と一緒に白めしを包んで食
べるのは至福のひととき。ステーキ丼よりさっぱり食べ
られるのも脂身がそろそろキツくなってきたアラフィフ
にはうれしい。2〜3mm程度にスライスしたローストビ
ーフを熱々のごはんにたっぷりと並べて、粒マスタード
とだし醤油、ポン酢を好みの割合で合わせたタレを回し
かける。万能ねぎやかいわれをあしらって黄身をぽとり
と落として。炊きたてごはんの熱でしっとり馴染んだと
ころが最高に美味しい。

MEMO

市販のローストビーフ
のおすすめはふたつ。
ひとつは麻布十番のス
ーパーナニワヤ。もう
ひとつは戸越銀座の飯
田ミートストアー。ど
ちらも絶品。

ローストビーフ100g
898円〜1,380円＋税／
スーパーナニワヤ
ローストビーフ100g
1,500円＋税／MEAT&
DELI355飯田ミートス
トアー

土鍋でいつまでも熱々
ポトフ風スープ

土鍋ならここと決めているのが、伊賀にある「土楽窯」。つやつやの飴色の土鍋は「煮る」だけでなく「焼き」もできる優秀さで我が家に手放せないもののひとつになっている。個展で見て、ひとめぼれしてしまったのがひとり用のポトフ鍋だ。つぼのような縦長のフォルムが可愛くて思わず我が家に連れて帰ってきた。スープを煮たり、ポトフやシチューを煮込んだりもできそうだ。シャウエッセンだけのポトフ風手抜きスープも簡単にできて身体が温まる。コンソメ顆粒を溶かした湯で玉ねぎ、にんじん、セロリ、キャベツをコトコト煮込むだけ。シャウエッセンは途中で投入。土鍋効果なのか、はじめに沸かしてしまえばあとは極弱火で煮ると煮崩れることなく、やわらかくなり、芯までじっくり旨みが染み込む。

ふっくら素朴で優しい味
ブルーベリーとくるみのスコーン

混ぜて焼くだけでできる簡単スコーン。ふわっと軽くていくつでも食べられるのが自慢。焼き上がりにクロテッドクリームを付けて食べるのもおすすめ。朝食におやつに、差し入れにと焼いておくと便利に使えるのがうれしい。ブルーベリーは生でも冷凍したものでもOK。ブルーベリーのほかにもつぶしたバナナにすればほっこり優しい甘さがうれしいし、ドライいちじくと黒胡椒にパルミジャーノを加えればお酒にも合うような大人の味わいのスコーンになる。

RECIPE

材料（4人分）
薄力粉 … 120g
強力粉 … 30g
グラニュー糖 … 50g
ベーキングパウダー
　　… 小さじ1と½
塩 … ひとつまみ
バター … 50g
生クリーム … 100㎖
サワークリーム … 80㎖
ブルーベリー … 50g
くるみ … 50g

作り方
1 ボウルに薄力粉と強力粉、グラニュー糖、ベーキングパウダー、塩をふるい入れて、バターを入れてナイフなどで刻んで粉をまぶしてそぼろ状にする。

2 生クリームとサワークリームを加えて粉けがなくなるまで混ぜたら、ブルーベリーと刻んだくるみを加えてひとまとめにする。

3 手に打ち粉（分量外）をして直径5〜6cmに丸め、オーブンシートを敷いた天板に並べて180℃に予熱したオーブンで20〜25分焼く。

漬けものの酸味と食感をアクセントに
〆鯖サンド

　和食屋さんで食べてすっかりハマってしまったのが〆鯖をトーストにはさんだサンドイッチ。コースの途中で出てきたのだが、からしの効いたバターと〆鯖の酸味が食パンの甘さを引き立ててなんともオツな味わい。鯖だけでなく、香りのいい大葉と一緒に何かはさんである。ちょっと酸っぱくて、食感もいい。なんだろうと思ったら、すぐき漬けだった。冬に仕込まれる京都ならではのすぐきの持つ乳酸の深みのある酸っぱさが〆鯖とよく合って全体をいい塩梅にまとめている。さっそく家に帰って真似して作ってみた。サンドイッチ用の食パンをトーストして、からしバターを塗り、大葉と5mmほどにスライスしたすぐき、半身の〆鯖をはさんで落ち着かせてから切る。すぐきがなければたくあんでもなかなか。

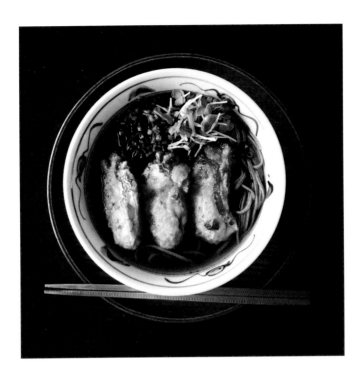

揚げ焼きにしてコクをアップ
牡蠣そば

毎年、シーズンが来るのを待ちわびているのが「おそば
の甲賀」の「かきそば」。香ばしく揚げ焼きにした大粒
の牡蠣がのった熱々のつゆに衣から溶け出た油のコクと
旨みが加わってなんともいえない美味しさ。一滴も残す
ことなく、つゆを飲みほしてしまうほどだ。牡蠣そのま
までも十分美味しいが衣をつけることでぐんとつゆに深
みが増す。大粒の牡蠣が手に入ったのでうちでも作って
みた。塩水でふり洗いした牡蠣の水気を拭いて、薄力粉
を軽くはたいてから、小さなフライパンに少し多めの太
白胡麻油（サラダ油でも）を熱して、両面を香ばしく焼
きつけ、熱々のつゆを張ったそばにのせて万能ねぎとあ
ればかいわれを少々。柚子胡椒をあしらっても。ちなみ
にそばの代わりにうどんを使ってもいい。

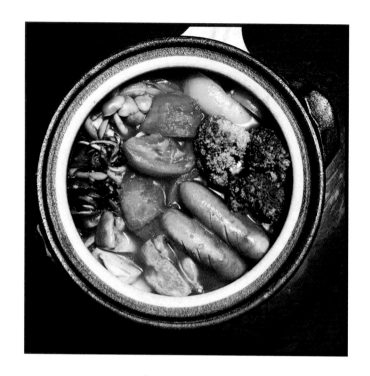

野菜がいくらでも食べられる
トマト鍋

鍋が続くこの時季、たまには洋風の鍋で目先を変えるの
もいい。トマト鍋は野菜がたっぷり摂れるうれしい一品。
水600㎖にトマトピューレ400㎖、3倍希釈タイプのめ
んつゆ60㎖、コンソメ顆粒小さじ2、おろしにんにく1
片分を入れて、薄口醤油と塩で味を調えたものが鍋つゆ
ベースだ。簡単にするならトマトジュースを水で割って
もいい。具はなんでもよいが、絶対に入れたいのがシャ
ウエッセン。ぷりっと弾けて少しスモーキーな風味がい
いアクセントになる。肉類は鶏もも肉と豚薄切り肉、野
菜は生のトマトに玉ねぎ、パプリカ、キャベツ、ブロッ
コリーにきのこを色々。仕上げにオリーブオイルをひと
回しすると風味がよい。トマトに醤油を合わせると旨み
が増すので我が家ではめんつゆ割りが定番だ。

汁けを多めにしてさっぱりと
トマト鍋リゾット

トマト鍋の〆におすすめなのはやっぱりリゾット。あら
かた具を食べてしまったところに、さっと水洗いしたご
はんを加えて、米がふっくらするまで煮込む。スープ多
めが好みなので、汁けが少なくなっていたら水を足す。
あればほうれん草を刻んで加えると鮮やかなグリーンの
おかげで色味も食べごたえも増す。うつわに盛って、オ
リーブオイルと黒胡椒をかけて、パルミジャーノをたっ
ぷりと。チーズがお好きならほうれん草を入れる前にピ
ザ用の溶けるチーズを加えてもいい。色々な具材の旨み
が溶け出したトマトスープで煮込んだリゾットは絶品。
Instagramに上げたら、フィレンツェにいるフォロワ
ーの方から、トスカーナ地方の郷土料理ズッパにそっく
りとコメントを頂き、うれしくなってしまった。

市販のケーキにひと工夫
フルーツサンドシフォンケーキ

休日のおやつタイム。ケーキを焼くのも買いに行くのも
めんどうくさい、それでもフルーツをのせたショートケ
ーキみたいなやつが食べたい！　食いしん坊ゆえ、欲望
に火が付いてしまったら食べずにはいられない。そんな
ときは家にあるものを組み合わせて自家製スイーツを作
る。例えばひとり分ずつ切り分けて売っていたシフォン
ケーキにマスカルポーネを生クリームでゆるめて（砂糖
少々を加えて）、いちごと一緒にはさめばなんちゃって
ショートケーキに。マスカルポーネが冷蔵庫にあれば、
生クリームを泡立てる手間も省けてしまう。シフォンケ
ーキでなくても頂きもののカステラでも十分。フルーツ
はなんでも。フルーツがなければジャムでもいいくらい。
食べたいときが作るとき。かぶりつけば、はぁ、満足。

こっくり香ばしい
キャラメルバナナ

バターで作ったキャラメルでりんごをソテーするキャラ
メルアップルを紅玉が出回る時季にはよく作るのだが、
バナナで作ってみたところ、こちらもかなり好みだった。
香ばしいキャラメルバターが味の決め手。フライパンに
バター20gとグラニュー糖30gを入れて火にかけ、ぶく
ぶくと泡立ってまわりから焦げ色がつき、全体がカラメ
ル状になったら、縦半分に切ったバナナを入れて両面を
香ばしく焼く。バナナのまわりに刻んだナッツも入れて
焼きからめる。うつわにバナナを盛りつけ、ナッツをカ
ラメルバターごとかけ、ホイップクリームやマスカルポ
ーネを添えてシナモンを振る。バターは有塩を使ってし
まうが、無塩で作った場合には好みで塩を振って。他に
も洋梨やパイナップルでも。

Index
....

Shop list

- アルチェネロ　0120-003-092
- Wismettacフーズ
  0120-358-624
- 御菓子つちや　0120-78-5311
- 漁村女性グループめばる
  0972-33-0274
- 猿田彦珈琲　03-6455-6965
- 芝製麺　0883-65-0508
- スーパー　ナニワヤ
  03-3451-6485
- 世界チーズ商会
  03-6421-2806
  （3&1FACTORY）
- 手打十段うどんバカ一代
  087-862-4705
- 鳥寛　045-934-2115
- HAPPY NUTS DAY
  03-6869-9811
- 花錦戸　0120-70-4652
- 七福醸造　0120-49-0855
- 蒜山耕藝　0867-45-7145
- ファーマインド
  0120-272-877
- MEAT&DELI355 飯田ミート
  ストアー　03-6421-5229
- 明治屋広尾ストアー
  03-3444-6221
- 紋四郎丸　046-856-8625
- ヤマモリ　0120-04-9016
- 由比缶詰所　0120-272548

STAFF

料理・撮影・文	ariko
フードスタイリング	鈴木裕子（＋y design）
フードアシスタント	井上裕美子（エーツー）
装丁・デザイン	細山田 光宣、狩野聡子、鈴木沙季（細山田デザイン事務所）
校正	麦秋新社
編集	青柳有紀　森摩耶　金城琉南（ワニブックス）

arikoの食卓
~小腹がすいたら~

著者　ariko

2020年1月25日　初版発行
2020年2月25日　2版発行

発行者　横内正昭

発行所　株式会社ワニブックス
　　　　〒150-8482
　　　　東京都渋谷区恵比寿4-4-9
　　　　えびす大黒ビル
　　　　電話　03-5449-2711（代表）
　　　　　　　03-5449-2716（編集部）
　　　　ワニブックスHP
　　　　http://www.wani.co.jp/
　　　　WANI BOOKOUT
　　　　http://www.wanibookout.com/

印刷所　凸版印刷株式会社

DTP　　株式会社三協美術

製本所　ナショナル製本